LOS ASESINOS SERIALES MÁS IMPACTANTES DE LA HISTORIA

Descubre los Asesinos en Serie que han Dejado su Marca Sanguinaria en la Historia

BLAKE AGUILAR

© **Copyright 2021 – Blake Aguilar - Todos los derechos reservados.**

Este documento está orientado a proporcionar información exacta y confiable con respecto al tema tratado. La publicación se vende con la idea de que el editor no tiene la obligación de prestar servicios oficialmente autorizados o de otro modo calificados. Si es necesario un consejo legal o profesional, se debe consultar con un individuo practicado en la profesión.

- Tomado de una Declaración de Principios que fue aceptada y aprobada por unanimidad por un Comité del Colegio de Abogados de Estados Unidos y un Comité de Editores y Asociaciones.

De ninguna manera es legal reproducir, duplicar o transmitir cualquier parte de este documento en forma electrónica o impresa.

La grabación de esta publicación está estrictamente prohibida y no se permite el almacenamiento de este documento a menos que cuente con el permiso por escrito del editor. Todos los derechos reservados.

La información provista en este documento es considerada veraz y coherente, en el sentido de que cualquier responsabilidad, en términos de falta de atención o de otro tipo, por el uso o abuso de cualquier política, proceso o dirección contenida en el mismo, es responsabilidad absoluta y exclusiva del lector receptor. Bajo ninguna circunstancia se responsabilizará legalmente al editor por cualquier reparación, daño o pérdida monetaria como consecuencia de la información contenida en este documento, ya sea directa o indirectamente.

Los autores respectivos poseen todos los derechos de autor que no pertenecen al editor.

La información contenida en este documento se ofrece únicamente con fines informativos, y es universal como tal. La presentación de la información se realiza sin contrato y sin ningún tipo de garantía endosada.

El uso de marcas comerciales en este documento carece de consentimiento, y la publicación de la marca comercial no tiene ni el permiso ni el respaldo del propietario de la misma.

Todas las marcas comerciales dentro de este libro se usan solo para fines de aclaración y pertenecen a sus propietarios, quienes no están relacionados con este documento.

Índice

Introducción	vii
1. Profundizando alrededor de los asesinos seriales	1
2. Ted Bundy, el asesino encantador	11
3. Edmund Kemper, el gigante narcisista	31
4. John Wayne Gacy, el payaso mortal	57
5. Luis Alfredo Garavito, "la bestia" colombiana	77
6. Romasanta, el licántropo	101
7. Jack el destripador, un misterio sin resolver	121
8. José Luis Calva Zepeda, el poeta caníbal	137
Conclusión	149
Bibliografía	155

Introducción

Miles y miles de libros, series y películas se han publicado desde hace décadas, debido a la gran popularidad de los asesinos en serie en nuestra cultura. La imagen que estas publicaciones nos comunican sobre los asesinos seriales suelen tener varias similitudes; muchas veces, nos muestran a los asesinos en serie como personas especiales; especiales en muchos sentidos: una super inteligencia, extraños, casi "alienígenas" para la sociedad, audacia de sobra, fuerza sobrehumana, etc., pero ¿estas imágenes son correctas de acuerdo con los hechos de la realidad? ¿no la imagen que tenemos de los asesinos en serie parece ser más de la ficción que de la realidad? Si quieres contestar estas preguntas, este libro es para ti.

En los siguientes capítulos no sólo encontrarás historias verídicas sobre asesinos en serie, sino que también se te brindará un estudio sobre qué son, cómo se hacen y, qué características suelen compartir.

No siempre hemos sabido cómo hablar de los criminales que ahora entendemos como asesinos en serie. Hasta las últimas décadas, ni siquiera nos dábamos cuenta de que era necesaria una clasificación separada para estos violentos criminales.

Lo cierto es que, durante siglos, los asesinos en serie han dejado que la pura barbarie de sus actos hablen por ellos. Incluso si hubiéramos sabido cómo nombrar y hablar de estos depredadores, nada de lo que hubiéramos dicho sobre ellos -independientemente de la fuerza moral o intelectual de nuestros pronunciamientos- nos habría dado el poder de prevenir sus crímenes.

Ahora que se han identificado suficientes asesinos en serie para que podamos entender algo sobre quiénes son, o eran, ¿qué hemos hecho con esta información? Los hemos convertido en iconos pop, forajidos superestrella cuyos nombres o apodos -Ted Bundy, Jeffrey Dahmer, John Wayne Gacy, Gary Ridgway, el asesino del Zodiaco, el Hombre de Hielo, el Estrangulador de Boston, el Estrangulador de Hillside, el Asesino BTK, el Hijo de Sam- son tan familiares como los de varias celebridades.

Introducción

En una palabra, los asesinos en serie nos dejan fascinados, y qué palabra tan compleja y densa. Deriva de la raíz latina fascinat-, que significa "embrujado" o "hechizado". Cuando pensamos en los asesinos en serie, hay una mezcla de miedo y excitación, atracción y repulsión. Es el poder del depredador para hechizar a la presa.

Por eso películas como "El silencio de los inocentes" ganaron más de 130 millones de dólares en taquilla. Es lo que creó una audiencia de domingo por la noche para ocho temporadas y 96 episodios de Dexter. Es lo que te obligó a agarrar este libro.

Tal vez la intensa fascinación que despiertan los asesinos en serie tenga que ver con que asumen el papel de monstruos de la sociedad, con que sus actos primarios de matanza aplacan a los monstruos hambrientos que hay bajo nuestras camas. Miles de asesinos en serie han vivido entre nosotros, y eso es emocionante de una manera aterradora.

Una luz dura dirigida a algunos de los asesinos que vagaron por este recinto de la maldad humana iluminará sus mentes y métodos, dará testimonio del terrible sufrimiento de sus víctimas y ofrecerá al lector cualquier medida de protección que la información pueda proporcionar.

1

Profundizando alrededor de los asesinos seriales

A PESAR de la idea generalizada de que los asesinos en serie son mentes maestras hiperinteligentes que existen en los márgenes extremos de la sociedad, la realidad es que la mayoría de ellos son personas sorprendentemente corrientes. Por ejemplo, en Estados Unidos, el asesino en serie estadísticamente típico es un hombre blanco de inteligencia media. El 40% de los asesinos en serie estadounidenses han sido negros, mientras que sólo el 6% han sido hispanos, y menos del 1% han sido asiáticos o nativos americanos. Aunque todos los asesinos en serie tienden a atacar primero cerca de casa (probablemente dentro de la ciudad o el estado en el que viven), las mujeres van un paso más allá y suelen asesinar a un familiar o a un conocido.

. . .

Una pregunta común alrededor de los asesinos seriales el método de asesinato que más utilizan.

Los disparos son la forma más habitual en que los asesinos en serie acaban con la vida de sus víctimas, ya que el 41,7% opta por un arma de fuego. El estrangulamiento se produce en menos del 25 por ciento de los casos, y el apuñalamiento en el 15 por ciento de los casos.

Otros métodos registrados son el ahogamiento, la sobredosis de drogas, la asfixia, la quema y el atropello, pero cada uno de ellos ocurre en menos del 1 por ciento de los asesinatos de asesinos en serie.

El país que tiene registrados más asesinos en serie son los Estados Unidos de América. Este país no solo ha visto la mayor cantidad de asesinos en serie desde 1900, sino que el margen por el que Estados Unidos es el número uno es asombroso. Hasta 2014, se conocían 2.625 asesinos en serie en Estados Unidos. Le sigue en la lista Inglaterra, con solo 142.

Las películas y series parecen retratar que los asesinos en serie son comunes, pero estos no representan más del 1% de todos los asesinatos cometidos en Estados Unidos. Las estadísticas criminales del FBI muestran que hay aproximadamente 15.000 asesinatos anuales, lo que significa que los asesinos en serie cobran unas 150 víctimas al año en Estados Unidos.

El FBI también estima que hay entre 25 y 50 asesinos en serie activos en todo Estados Unidos en un momento dado.

¿Cometen las mujeres asesinatos en serie? Sí, lo hacen. Se han encontrado mujeres asesinas en serie en todos los continentes habitados y en todos los países donde se han registrado asesinatos en serie. Aproximadamente el 17% de todos los asesinatos en serie en Estados Unidos son cometidos por mujeres. Dado que sólo el 10 por ciento de todos los asesinatos en los Estados Unidos son cometidos por mujeres, eso significa que las mujeres realmente cometen un mayor porcentaje de asesinatos en serie que otros tipos de asesinato en los Estados Unidos.

También, podría parecer que los asesinos en serie tienen algún tipo de "locura", ¿la tienen? Legalmente hablando, no. Para ser clasificado como legalmente demente, una persona debe ser incapaz de comprender que lo que está haciendo va en contra de la ley. Los asesinos en serie son más propensos que la población general a presentar trastornos antisociales de la personalidad, como la sociopatía, pero estas enfermedades mentales no cumplen los criterios de locura legal según la Asociación Americana de Psiquiatría. Rara vez se determina que los asesinos en serie son mentalmente incompetentes para ser juzgados, y sus abogados rara vez utilizan una defensa por demencia, porque la definición legal de demencia es muy estrecha.

¿Qué es exactamente un asesino en serie y qué o quién lo hace? El término "asesino en serie" se atribuye a menudo a Robert Ressler, investigador del FBI durante muchos años y pionero en el campo de la elaboración de perfiles criminales. Es posible que la policía británica y los detectives de homicidios de Los Ángeles fueran los primeros en utilizar el término, o uno similar, pero fue Ressler quien lo generalizó en la década de 1970, cuando buscaba urgentemente nombrar y comprender un tipo especial de asesino extremadamente peligroso.

La urgencia de Ressler se debía a que, en Estados Unidos, en la década de los setenta se cometieron más del doble de asesinatos en serie que en las siete décadas anteriores juntas. Y lo peor estaba por llegar: el número de asesinatos en serie en EE.UU. aumentó otro 33% en los años 80, la década que resultó ser el punto álgido.

. . .

Desde entonces, por diversas razones, los asesinatos en serie han disminuido en Estados Unidos. En la primera década del siglo XXI sólo se cometieron la mitad de asesinatos en serie que en la década de 1980.

En la década comprendida entre 1950 y 1960, los investigadores dieron los primeros pasos para distinguir los asesinatos en serie de los asesinatos en cadena y de los asesinatos en masa, ya que empezaron a discernir patrones en los motivos y el comportamiento de los asesinos en serie, características que se podría decir que diferencian a estos asesinos de otros practicantes de lo que entonces se denominaba multicidio.

El asesinato en masa implica que al menos cuatro víctimas son atacadas mortalmente por una o más personas durante el mismo incidente, normalmente en un mismo lugar. Lo que el FBI llamaba antes asesinato en cadena implicaba al menos dos víctimas que eran asesinadas por el mismo asesino o asesinos en eventos separados que ocurrían en momentos diferentes. Para el FBI, el elemento que solía distinguir los asesinatos en cadena de los asesinatos en serie era el periodo de reflexión del asesino en serie de al menos un mes entre los asesinatos.

. . .

Sin embargo, con el tiempo, se descubrió que el concepto de periodo de reflexión no tenía ningún beneficio práctico para los investigadores, por lo que el FBI ya no hace ninguna distinción sustantiva entre los asesinatos en cadena y los asesinatos en serie.

En 1998 el Congreso de EE.UU. aprobó una ley destinada a proteger a los niños de los depredadores sexuales que incluía un texto sobre los asesinatos en serie.

La legislación definía los asesinatos en serie como aquellos que consisten en tres o más asesinatos con suficientes elementos en común entre ellos para que un investigador pueda deducir razonablemente que todos han sido cometidos por la misma persona. Ese lenguaje legislativo nunca pretendió convertirse en la definición oficial de asesinato en serie. Pretendía ser una guía para determinar cuándo era apropiado que el FBI interviniera en la investigación de una serie de asesinatos por parte de las fuerzas del orden locales. Pero el término asesino en serie, tal y como lo utiliza la mayoría de las personas ajenas a las fuerzas de seguridad, ha pasado a reflejar el lenguaje de esa ley de 1998. La mayoría de los medios de comunicación y el público utilizan ahora el término para referirse a un asesino solitario que asesina a tres o más víctimas, pero no todas a la vez. Se entiende que los motivos del asesino tienen algo que ver con la gratificación psicológica, que a menudo implica el contacto sexual con la víctima, aunque los motivos del asesino para cualquier asesinato pueden incluir la venganza, la codicia y la búsqueda de atención, fama o emoción, o cualquier combinación de las anteriores. Las víctimas suelen ser asesinadas de forma similar y suelen compartir ciertos rasgos, como la edad, la raza, el sexo o el aspecto general. La concepción popular de los asesinos en serie coincide con el perfil que el FBI utilizó durante varias décadas. Pero en 2005 la Oficina redefinió algunos aspectos del término asesino en serie, por lo que el significado de asesino en serie ha cambiado en algunos aspectos.

En conjunto, esto es lo que significan estos cambios en la definición actual del FBI del término asesino en serie: El o los asesinos en serie pueden cometer tan sólo dos asesinatos. El asesino en serie puede tener uno o más compañeros. El o los asesinos en serie pueden cometer los asesinatos sin un período de enfriamiento entre los crímenes. En la actualidad, el FBI define el asesinato en serie de forma bastante sencilla: es el asesinato de dos o más víctimas, en eventos separados, por la misma persona o personas.

Consejos que podrían salvar tu vida:

1. Se te acerca un desconocido cuyo lenguaje corporal y palabras amistosas no están sincronizados. No te comprometas, aléjate. No le debes a esta persona tu tiempo ni tu atención.
2. Un desconocido te ofrece ayuda que no has pedido e insiste en colaborar contigo en alguna tarea. Rechaza la oferta con claridad y firmeza, y pon inmediatamente distancia entre los dos. Corre, si es necesario, y no dudes en pedir ayuda si la situación se agrava.
3. Un desconocido aparentemente débil o discapacitado te pide ayuda que requiere contacto físico. No te acerques. Ofrécete a pedir ayuda.
4. Un desconocido en la calle busca tu ayuda en alguna situación y te da una explicación elaborada que incluye mucha más información de la que necesitas. El exceso de detalles es la clásica señal de un juego de confianza, si no algo peor. Aléjate.
5. Estás conduciendo por una carretera poco transitada o un tramo aislado de la autopista y ves a un automovilista varado más adelante. No te detengas a ayudar. Llama a la policía y denuncia a un conductor con problemas en el coche en ese lugar.

A continuación, encontrarás distintas historias de asesinos seriales. Historias reales, pero con hechos tan sorprendentes que quizás no creerás su veracidad. Esperemos que, con esta información contextualizadora, puedas leer con una mirada más crítica y panorámica las historias siguientes.

2

Ted Bundy, el asesino encantador

El asesino en serie y violador estadounidense Ted Bundy fue uno de los criminales más conocidos de finales del siglo XX, conocido por haber matado al menos a 36 mujeres en la década de 1970. Fue ejecutado en la silla eléctrica en 1989.

Asesino en serie, violador y necrófilo de los años 70. Su caso ha inspirado desde entonces muchas novelas y películas sobre asesinos en serie. En 2019, Zac Efron protagonizó la película "Ted Bundy: Durmiendo con el Asesino".

Su madre, Eleanor Louise Cowell, conocida como Louise, tenía 22 años y era soltera cuando dio a luz a su hijo Ted.

. . .

El padre de Ted podría haber sido Lloyd Marshall, un veterano de las Fuerzas Aéreas y graduado de Penn State, según Ann Rule, una compañera de trabajo de Ted y autora del libro "The Stranger Beside Me". Según otras fuentes, el padre de Ted se llamaba Jack Worthington, mientras que algunos rumores decían que su padre era también su abuelo. Dado que en el certificado de nacimiento de Ted figura como "desconocido", es posible que nunca se confirme la identidad de su padre biológico. El misterio y datos siniestros aparecían desde sus primeros años.

En 1951, Louise se casó con Johnnie Bundy. Aunque Ted adoptó su nombre, al parecer no respetaba mucho a su padrastro, al que guardaba rencor por ser demasiado inculto y de clase trabajadora. Johnnie y Louise tuvieron varios hijos juntos.

Louise trabajaba como secretaria en la Universidad de Puget Sound y seguía casada con Johnny en los años 70 cuando Ted fue acusado de sus crímenes. Ella se negó a creer los cargos durante años, aunque cambió su postura después de que él confesara.

. . .

Ted Bundy nació en Burlington, Vermont, el 24 de noviembre de 1946.

La vida de Bundy comenzó como la vergüenza secreta de su madre, ya que su nacimiento ilegítimo humillaba a sus padres, profundamente religiosos, ¿la vergüenza de su madre habrá llegado a su epítome el día que Ted Bundy confesó sus asesinatos? Louise dio a luz a Ted en un hogar para madres solteras en Vermont y más tarde llevó a su hijo a sus padres en Filadelfia.

Para ocultar el hecho de que era un hijo ilegítimo, Bundy fue criado como hijo adoptivo de sus abuelos y se le dijo que su madre era su hermana. Eleanor se trasladó con Bundy a Tacoma, Washington, unos años después, y pronto se casó con su padrastro Johnnie.

Según todas las apariencias, Bundy creció en el seno de una familia contenta y de clase trabajadora. Se podría decir incluso, que era una familia común. Desde muy joven mostró un inusual interés por lo macabro. Alrededor de los 3 años, le fascinaban los cuchillos. Bundy, que era un niño tímido pero brillante, se desenvolvía bien en la escuela, pero no con sus compañeros.

· · ·

En la adolescencia, empezó a surgir un lado más oscuro de su carácter. A Bundy le gustaba asomarse a las ventanas de los demás y no pensaba en robar lo que quería de otras personas.

Según el mismo Ted Bundy, tuvo una infancia sin incidentes. Sus amigos y familiares a menudo respaldan esta afirmación. Pero una mirada más atenta revela que era un niño socialmente torpe que a veces cruzaba las líneas del decoro, la moral y la legalidad. Aunque el comportamiento sospechoso de un joven Bundy se ha visto en otros que no llegaron a violar y asesinar a numerosas víctimas, su infancia ofrece algunas pistas sobre cómo se convirtió en un asesino en serie.

Como ya se había mencionado, Bundy, entonces conocido como Theodore Cowell, comenzó a vivir pensando que Louise era su hermana, no su madre. Sin embargo, en "The Stranger Beside Me", Ann Rule señala que Bundy le dijo que se había dado cuenta de la mentira: "Tal vez me di cuenta de que no podía haber veinte años de diferencia de edad entre un hermano y una hermana, y Louise siempre cuidó de mí. Simplemente crecí sabiendo que ella era realmente mi madre".

. . .

A primera vista, los Cowell eran una familia normal. Pero la abuela de Bundy sufría de depresión y agorafobia, y su abuelo ha sido descrito como el dueño de un temperamento furioso. Sus actos violentos afectaron a todo el mundo, desde gatos y perros hasta empleados y miembros de la familia (algunos expertos en Bundy han teorizado que fue el resultado de que Louise fuera violada por su padre, aunque ella dijo que había sido seducida y abandonada por un veterano de guerra). Es posible que Bundy sufriera abusos físicos o psicológicos a manos de su abuelo, a pesar de su posterior insistencia en que ambos tenían una buena relación.

El comportamiento de Bundy podría ser perturbador. Al menos en una ocasión, su tía se despertó para encontrar a su sobrino pequeño colocando cuchillos cerca de lugar de dormir. Más tarde dijo a Vanity Fair: "Recuerdo que en ese momento pensé que era la única que pensaba que era extraño. Nadie hizo nada". En el mismo artículo de Vanity Fair, la doctora Dorothy Lewis, una experimentada psiquiatra, opina que tales acciones se producirían "sólo en niños muy gravemente traumatizados que han sido ellos mismos víctimas de abusos extraordinarios o que han sido testigos de una violencia extrema entre miembros de la familia."

. . .

Cuando Bundy tenía tres años, él y Louise se fueron de Filadelfia a Tacoma, Washington. Para no llamar la atención sobre la ilegitimidad de su hijo, Louise le puso a Bundy el apellido Nelson antes de la mudanza. Pero la mudanza seguía siendo molesta para el joven. Echaba de menos Filadelfia y al principio no le gustaba la zona de Seattle. Y se molestó aún más cuando su madre conoció y se relacionó con Johnnie Bundy, un cocinero del hospital del ejército.

Louise y Johnnie se casaron en 1951. Celoso de la nueva relación de su madre, Bundy tuvo un deliberado berrinche público en Sears, mojando sus pantalones como parte de la exhibición. Esto no impidió que el nuevo marido de Louise adoptara a su hijo y le diera el nombre que se haría famoso años después.

Las relaciones entre Bundy y su padrastro siempre fueron tensas. Bundy era materialista, quería ropa y pertenencias caras que su padrastro de clase trabajadora no podía proporcionarle. Bundy fantaseaba con la idea de ser adoptado por las populares estrellas del Oeste Roy Rogers y Dale Evans porque podían darle las cosas que quería. A medida que Bundy crecía, despreciaba el intelecto de su padrastro. Sus amigos eran testigos de cómo provocaba a su padrastro, que a veces golpeaba a Bundy en señal de frustración.

Hubo menos tensiones superficiales entre Bundy y su madre, que siempre se aseguró de que estuviera físicamente cuidado. Pero ella llegó a tener cuatro hijos más, por lo que su atención estaba dividida. Tras la captura de Bundy, éste expresó un sentimiento de falta de cariño, aunque expresó su agradecimiento porque Louise había "pagado todas las facturas". Y la ilegitimidad de Bundy era otro punto delicado en su relación.

Hay diferentes versiones de cómo Bundy se enteró de la verdad sobre su nacimiento. Según un psicólogo que entrevistó a Bundy, cuando era adolescente, encontró su certificado de nacimiento y vio que el espacio para "Padre" había sido marcado como "Desconocido". En otro relato, compartido por la novia de Bundy en el libro Phantom Prince, un preadolescente Bundy fue objeto de burlas por parte de un primo por ser ilegítimo. Cuando Bundy se opuso, el primo utilizó su certificado de nacimiento para demostrar la verdad. La novia de Bundy contó que, posteriormente, Bundy estaba resentido con Louise porque se sentía humillado.

. . .

Un amigo recordaba haber intentado tranquilizar a Bundy diciéndole que su ilegitimidad no tenía importancia. Pero un amargado Bundy no pudo ser consolado, diciéndole: "Bueno, no eres tú el bastardo".

De niño, Bundy carecía de las gracias sociales que más tarde utilizaría para convencer a la gente de que no podía ser un asesino. En "Conversaciones con un asesino: The Ted Bundy Tapes", Sandi Holt, que creció con Bundy, contó que se burlaban de él por tener un impedimento en el habla y que no podía seguir el ritmo de sus compañeros Boy Scouts.

Aunque Bundy no era un mal atleta, no entró en los equipos de baloncesto o béisbol de su escuela, un fracaso que le resultó difícil de asumir. En el instituto, era un solitario que sólo tuvo una cita. Más tarde explicó: "No era que me desagradaran las mujeres o que les tuviera miedo, sino que no parecía tener una idea de qué hacer con ellas".

Bundy manejaba mejor a los académicos y estudiosos que a otras personas. Entrevistado en la cárcel de Florida, dijo que, mientras estaba en la escuela, "tu rendimiento se mide por reglas diferentes a las que se aplican cuando todo el mundo se separa en pequeñas camarillas por el pasillo". Le fue bastante bien en la escuela, pero nunca llegó a ser el mejor de la clase.

La infancia de Bundy también tuvo muchos momentos de normalidad. Tenía algunos buenos amigos y aceptaba trabajos como repartir periódicos y cortar el césped. Iba a la iglesia con sus padres y llegó a ser vicepresidente de la Asociación de Jóvenes Metodistas. En particular, para ser un futuro asesino, salvó la vida de la sobrina de un amigo cuando corría el riesgo de ahogarse.

Sin embargo, el comportamiento infantil de Bundy a veces iba más allá de la torpeza social.

Un compañero Boy Scout recordaba que una vez Bundy se acercó por detrás para golpearle en la cabeza con un palo. En "Conversaciones con un asesino", Holt dijo que a Bundy "le gustaba asustar a la gente". Contó su afición a cavar agujeros en el suelo, poner estacas dentro y luego cubrirlas con vegetación. Al menos una chica se cayó y se lastimó la pierna en una de estas "trampas para tigres".

. . .

A Bundy le gustaban las historias de ficción policíaca con descripciones sangrientas de violaciones y asesinatos. Es posible que empezara a mirar pornografía mucho antes de ser adolescente, ya que es posible que accediera a la colección de su abuelo mientras vivía en Filadelfia. Bundy se masturbaba a veces dentro de los armarios de su escuela secundaria, y se mojaba con agua cuando sus compañeros le descubrían.

Un joven Bundy también comenzó a infringir la ley. Era un buen esquiador que robaba equipos de esquí que deseaba pero no podía pagar, entre otros artículos.

Además, falsificaba los billetes de los remontes para ir a las pistas gratis. De adolescente, intentó robar un coche (recibió una advertencia como castigo). Lo más inquietante es que Bundy se convirtió en un "mirón" que espiaba a desconocidos (este tipo de voyerismo es un precursor habitual de la violencia sexual).

La primera víctima conocida de Bundy fue asesinada en 1974, pero se sospecha de asesinatos anteriores. Una posible víctima de Bundy fue Ann Marie Burr, de ocho años, que desapareció de su casa de Tacoma en plena noche del 31 de agosto de 1961. En ese momento, un Bundy de 14 años vivía a pocos kilómetros de la casa de Burr. Es posible que esa noche estuviera espiando las casas de la gente y viera una oportunidad que sus gustos violentos no podían dejar pasar.

Entre las pocas pistas que quedaban en la casa de los Burr había una ventana abierta, una huella y una puerta delantera sin cerrar. Los padres y la hermana de Ann Marie se encontraban en la casa cuando ella desapareció; asimismo, algunas de las víctimas confirmadas de Bundy fueron secuestradas mientras otras se encontraban cerca. La madre de Ann Marie consideró que era probable que su hija conociera a su secuestrador; es posible que Bundy conociera a Ann Marie en su ruta del periódico o mientras visitaba a un tío que vivía en el barrio.

Bundy negó ser el responsable de la desaparición de Ann Marie, incluso cuando la madre de Ann Marie le escribió pidiéndole que se cerrara el caso antes de su ejecución (que tuvo lugar el 24 de enero de 1989).

Sin embargo, Bundy, que había insinuado que había más víctimas de las que se le relacionaban oficialmente, podría haberse mostrado reacio a admitir un crimen que tuvo lugar cuando aún vivía con su familia. En 2011, las pruebas existentes no contenían suficiente ADN amplificable para ser comparado con el perfil de ADN de Bundy.

Sigue siendo posible que sus actos asesinos se remonten hasta la infancia.

Continuaría con estas extrañas, reservadas y peligrosas actitudes hasta la universidad. Bundy se graduó en psicología en la Universidad de Washington en 1972. Había sido aceptado en la Facultad de Derecho de Utah, aunque nunca llegaría a obtener el título.

Mientras estudiaba en la Universidad de Washington, Bundy se enamoró de una joven rica y guapa de California. Ella tenía todo lo que él quería: dinero, clase e influencia. Su ruptura fue devastadora. Muchas de las víctimas posteriores de Bundy se parecían a su novia de la universidad: estudiantes atractivas con pelo largo y oscuro.

Ted Bundy asistió a varias escuelas como estudiante universitario, incluyendo la Universidad de Puget Sound, la Universidad de Temple y la Universidad de Washington. El hecho de formar parte de tantas comunidades universitarias diferentes le dio la oportunidad de estudiar los hábitos y la vulnerabilidad de las alumnas, que eran uno de sus objetivos más comunes.

En un principio, Bundy quería especializarse en chino y luego en planificación urbana, pero finalmente se decantó por la psicología. En 1972, se graduó "con distinción" en psicología por la Universidad de Washington. Un profesor valoró tan positivamente el paso de Bundy por su departamento que, al escribir una carta de recomendación para la facultad de Derecho, dijo "Lamento la decisión del señor Bundy de seguir una carrera de derecho en lugar de continuar su formación profesional en psicología. Nuestra pérdida es su ganancia".

Cuando Bundy comenzó a reclamar vidas, sus estudios de psicología podrían haberle proporcionado una visión de cómo manipular a la gente. A veces se ponía una escayola falsa o utilizaba muletas, y luego pedía a las mujeres que le ayudaran, jugando con su simpatía natural. También sabía que la mayoría de la gente obedece a las figuras de autoridad, por lo que a veces se hacía pasar por policía.

Bundy quería ir a una prestigiosa facultad de derecho, pero no fue aceptado en ninguna de sus principales opciones. En lugar de ello, y por desgracia, en septiembre de 1973 empezó a tomar clases nocturnas en la Facultad de Derecho de la Universidad de Puget Sound. Sin embargo, Bundy no tardó en saltarse las clases porque estaba ocupado matando.

La estudiante de la Universidad de Washington Lynda Ann Healy, la primera víctima conocida de Bundy, fue asesinada en febrero de 1974. Bundy cometió al menos siete homicidios más en Washington y Oregón hasta el verano de 1974. Estos asesinatos incluyeron a dos mujeres que desaparecieron del Parque Estatal del Lago Sammamish, cerca de Seattle, en julio. Más tarde aparecieron testigos que describieron a un hombre que se hacía llamar "Ted" y que había pedido ayuda con un velero mientras llevaba un cabestrillo.

Bundy se parecía al retrato aproximado difundido por las autoridades y el sospechoso conducía supuestamente un Volkswagen Beetle, que coincidía con su coche. Estas similitudes, y el nombre compartido de "Ted", hicieron que algunas personas del entorno de Bundy sospecharan lo suficiente como para avisar a la policía sobre él.

. . .

Sin embargo, Bundy era un estudiante de derecho que había trabajado con el partido republicano del estado y no tenía antecedentes penales como adulto. A los ojos de la policía, no era un sospechoso serio.

Bundy también asistió a la Facultad de Derecho de la Universidad de Utah

En 1974, Bundy comenzó a estudiar en la Facultad de Derecho de la Universidad de Utah. Fue admitido en parte gracias a las cartas de recomendación de su profesor universitario y del gobernador de Washington, en cuya campaña de reelección había trabajado. El traslado de la escuela fue fortuitamente oportuno, ya que dio a Bundy una razón para dejar Washington y sus investigaciones de asesinato en curso.

Pronto empezaron a desaparecer mujeres en Utah y Colorado. Mientras que Bundy mataba rápidamente a algunas de sus víctimas, mantenía a otras con vida durante días para violarlas y estrangularlas repetidamente. Incluso después de la muerte de la víctima, Bundy a veces practicaba la necrofilia o le cortaba la cabeza como trofeo temporal. Con algunas, se tomaba el tiempo de maquillarlas y lavarles el pelo antes de deshacerse de sus cadáveres.

Su forma de matar requería mucho tiempo, por lo que Bundy a menudo no asistía a las clases de derecho, aunque aun así se las arreglaba para sacar buenos resultados en los exámenes.

Bundy siguió viviendo como estudiante de derecho hasta agosto de 1975, cuando un agente de policía le dio el alto y se encontró en el vehículo de Bundy un pasamontañas, un punzón y unas esposas. Se le relacionó con el secuestro de Carol DaRonch en 1974 y se le acusó de ello (DaRonch había sido engañada para subir al coche de Bundy cuando éste se había hecho pasar por policía, pero logró escapar). Durante el juicio, proclamó su inocencia y se ganó muchos partidarios. En las entrevistas, Bundy calificó a DaRonch de mentiroso y prometió continuar sus estudios jurídicos. Pero en 1976 fue condenado por secuestro.

Bundy fue pronto extraditado a Colorado para ser juzgado por el asesinato de la enfermera de 23 años Caryn Campbell. Allí, decidió utilizar sus conocimientos jurídicos y actuar como su propio abogado. Como se representaba a sí mismo, los funcionarios le dieron a Bundy acceso a la biblioteca jurídica. Pero cuando fue enviado a la biblioteca durante una audiencia previa al juicio en junio de 1977, logró saltar desde una ventana abierta y escapar.

Aunque Bundy fue recapturado después de ocho días, las personas que lo custodiaban no aprendieron de la experiencia. Bundy volvió a escaparse el 30 de diciembre de 1977. Salió por un agujero que hizo en el techo de su celda, habiendo soltado más de 30 libras para caber por la pequeña abertura. Las autoridades no descubrieron que Bundy había desaparecido hasta pasadas 15 horas, lo que dio al asesino en serie una gran ventaja sobre la policía. Esta vez llegó a Florida, donde acabó con la vida de dos estudiantes universitarias y una niña de 12 años, además de herir gravemente a otras tres mujeres, antes de ser detenido una vez más.

Cuando fue juzgado en Florida, Bundy volvió a defenderse. (Un abogado que le asesoró consideró que se debía a que Bundy no podía renunciar al control ni admitir su culpabilidad). Y aunque Bundy consiguió casarse con su novia cuando acudió a testificar, gracias a una laguna legal, el resto de su caso no fue como él esperaba. Fue declarado culpable de tres asesinatos (en dos juicios distintos) y condenado a muerte.

Al parecer, Bundy se sorprendió de los resultados de sus juicios en Florida. A pesar de su educación, no era ni lo suficientemente inteligente ni lo suficientemente buen abogado como para evaluar con precisión los puntos fuertes del caso de la fiscalía y su probabilidad de condena.

Nunca había terminado la carrera de Derecho, e incluso antes de abandonarla había estado demasiado ocupado cometiendo múltiples asesinatos como para dedicarse a los libros.

Bundy había rechazado un acuerdo con la fiscalía de Florida que habría dado lugar a una sentencia de cadena perpetua en lugar de la pena capital. Aunque las apelaciones impidieron que se llevara a cabo su ejecución durante años, y Bundy trató de intercambiar información sobre los asesinatos que había cometido para retrasar la sentencia, finalmente se le acabó el tiempo. El 24 de enero de 1989 fue ejecutado en la silla eléctrica.

En 1979, el juez que sentenció a Bundy a la pena de muerte hizo el siguiente comentario: "Es una tragedia para este tribunal ver un desperdicio tan total, creo, de la humanidad que he experimentado en este tribunal. Usted es un joven brillante. Hubieras sido un buen abogado y me hubiera encantado que ejercieras frente a mí, pero tomaste otro camino, compañero".

Por supuesto, Bundy desperdició mucho más que su propia vida y educación. Al matar a tantas mujeres y niñas, privó al mundo de las contribuciones que cada una de ellas podría haber hecho si se les hubiera permitido vivir.

Bundy confesó 36 asesinatos de mujeres jóvenes en varios estados en la década de 1970, pero los expertos creen que la cuenta final puede estar más cerca de 100 o más. Nunca se sabrá el número exacto de mujeres que Bundy mató. Sus asesinatos solían seguir un patrón espantoso: A menudo violaba a sus víctimas antes de golpearlas hasta la muerte.

Aunque se discute cuándo empezó a matar Bundy, la mayoría de las fuentes afirman que empezó a asesinar alrededor de 1974. En esa época, muchas mujeres de la zona de Seattle y de la cercana Oregón desaparecieron.

. . .

Circularon historias sobre que algunas de las víctimas fueron vistas por última vez en compañía de un hombre joven y de pelo oscuro conocido como "Ted". A menudo atraía a sus víctimas a su coche fingiendo estar heridas y pidiéndoles ayuda. Su amabilidad resultó ser un error fatal.

La buena apariencia, el encanto y la inteligencia de Bundy lo convirtieron en una especie de celebridad durante su juicio. Bundy luchó por su vida, pero fue condenado y pasó nueve años en el corredor de la muerte apelando su sentencia.

El 24 de enero de 1989, Bundy fue ejecutado alrededor de las 7 de la mañana en la Prisión Estatal de Florida en una silla eléctrica a veces conocida como "Old Sparky". En el exterior de la prisión, la multitud vitoreó e incluso lanzó fuegos artificiales tras la ejecución de Bundy.

El cuerpo de Bundy fue incinerado en Gainesville y no se celebró ninguna ceremonia pública. Antes de ser ejecutado, pidió que sus cenizas fueran esparcidas en las montañas Cascade del estado de Washington, donde asesinó al menos a cuatro de sus víctimas.

3

Edmund Kemper, el gigante narcisista

Si no conocieras la maldad que acecha a Edmund Kemper, probablemente lo verías como un gigante amable y desarmante. Aunque Kember mide 1,90 metros, la mayoría de las personas que lo conocían antes de sus crímenes lo consideraban amable, inteligente, conversador y notablemente normal.

Pero en el fondo de Kemper había un hombre violento que odiaba a las mujeres. El mismo camarero amable que solía pasar su tiempo libre charlando con los agentes de policía locales mientras tomaba unas cervezas era un brutal asesino que disfrutaba mucho infligiendo miedo y dolor a los demás y mancillando sus cuerpos.

· · ·

La mayoría de las personas que crecen en un mal ambiente no se convierten en asesinos en serie, pero a veces no es tan difícil entender cómo alguien creció hasta convertirse en un perturbado de la sociedad.

Edmund Kemper nació el 18 de diciembre de 1948 en Burbank, California, hijo de Edmund Emil Kemper II y Clarnell Elizabeth Kemper. Sus padres tuvieron un matrimonio concertado carente de amor y respeto mutuo.

Kemper II, un veterano de la Segunda Guerra Mundial que había trabajado en pruebas de bombas nucleares en el Pacífico, dijo en una ocasión sobre su esposa que "las misiones suicidas en tiempos de guerra y las posteriores pruebas de bombas atómicas no eran nada comparadas con vivir con Clarnell."

Clarnell se burlaba a menudo del trabajo "servil" de su marido y se negaba a mostrar a su hijo verdadero amor y afecto por miedo a que lo "convirtiera en gay", un claro ejemplo de homofobia. En 1957, los padres de Kemper se divorciaron y Ed se fue a vivir con su madre y sus dos hermanas a Montana.

. . .

La madre de Ed era una alcohólica con extrañas paranoias.

A los 10 años, la madre de Ed le hizo empezar a dormir en el sótano porque temía que violara a sus hermanas. Su madre era emocional y psicológicamente abusiva, y a menudo se metía con el joven Ed por su tamaño y su personalidad "rara". A menudo le decía que ninguna mujer lo amaría.

Desde muy joven, Ed fantaseaba con matar a su madre. Disfrutaba cortando las cabezas de las muñecas de sus hermanas y regularmente las hacía jugar a la "cámara de gas" o a la "silla eléctrica". Hacía que sus hermanas le vendaran los ojos y le ataran a una silla, momento en el que fingía retorcerse de agonía hasta "morir".

Ningún gato del barrio estaba a salvo cerca de Ed Kemper. A los 10 años, quemó uno vivo. A los 13, mató a uno con un cuchillo. Sus oscuras fantasías y el maltrato a los animales fueron los primeros indicios de que se estaba convirtiendo en un asesino atroz, pero nadie se dio cuenta y nadie intervino. Incluso Ed llegó a acechar la casa de su profesora de segundo grado, a la que horrorizaba llevando la bayoneta de su padre.

. . .

Finalmente, Ed se fue a vivir con su padre, pero éste lo rechazó de plano, por lo que el reencuentro duró poco y pronto volvió a casa de su madre.

Volvió a recibir el mensaje de que era indeseado, no amado y defectuoso cuando, siendo adolescente, su madre lo envió a vivir con sus abuelos. Al cuidado de sus abuelos, la violenta vida de fantasía de Ed continuó expandiéndose. Por primera vez en su vida, alguien intentó domar los deseos enfermizos del joven. Después de matar varios pájaros y otros animales pequeños, sus abuelos le quitaron la pistola, lo que enfureció a Ed.

A los 15 años, en 1964, Ed reclamó su pistola y disparó por la espalda a su abuela, a la que acusaba de ser tan abusiva como su madre, tras una discusión. Ed no quería que su abuelo tuviera que sufrir la pérdida y vivir sin su querida esposa, así que esperó a que llegara a casa y le disparó también a él y escondió su cuerpo. Sin embargo, más tarde admitiría que mató a su abuela sólo para ver qué se sentía al matar a alguien.

. . .

Tras los asesinatos, Ed llamó a su madre y le contó lo que había hecho, y ella le indicó que llamara a la policía y confesara sus crímenes. Lo hizo y fue puesto rápidamente bajo la custodia de la Autoridad Juvenil de California, donde se sometió a una serie de pruebas psicológicas. Aunque el coeficiente intelectual de Ed era estándar, se le diagnosticó esquizofrenia paranoide. Fue enviado al Hospital Estatal de Atascadero, un centro de máxima seguridad para reclusos con enfermedades mentales.

Pocos años después, en 1969, Ed Kemper volvió a pisar la calle tras cinco años de encarcelamiento. El tiempo que pasó en el Hospital Estatal de Atascadero no tuvo nada de "correctivo", y sus demonios salieron a relucir cuando fue liberado al cuidado de su madre, la persona que más lo enfurecía. Tenía 21 años y estaba a punto de convertirse en el infame asesino serial.

Como parte de su puesta en libertad, Ed tuvo que acudir a los psicólogos de la libertad condicional, pero era un chico listo que supo convencerles de que no suponía ningún riesgo para los demás. El tiempo que pasó Ed en Atascadero no hizo más que retorcer su mente aún más. Al fin y al cabo, pasaba el tiempo en compañía de otros delincuentes violentos que le enseñaron a perfeccionar su oficio. Su comportamiento parecía normal en ese entorno. Ed afirmó tener una conversión religiosa mientras estaba en el hospital, pero no quiso asumir la responsabilidad de sus crímenes, diciendo que estaban fuera de su control.

Cuando tenía dinero, Ed se mantenía viviendo en varios lugares del norte de California. Cuando se le acababa el dinero, volvía a casa de su madre.

La inquietante realidad de ser mujer es que siempre tienes que mirar por encima del hombro.

Es una pena que las mujeres no puedan hacer su vida sin tener que preocuparse por ser secuestradas o algo peor, pero siempre ha sido así. Mary Ann Pesce y Anita Luchessa, ambas estudiantes del Estado de Fresno, estaban ocupándose de sus asuntos y de su educación cuando Ed Kemper decidió que no tenían derecho a vivir.

Las encontró mientras conducía por la zona de Berkeley.

Llevó a las mujeres a una zona boscosa cercana con el plan de violarlas, pero se arrepintió y las apuñaló y asfixió hasta la muerte.

. . .

Cargó los cuerpos de las mujeres en su maletero y condujo hasta su casa en Alameda. Estaba tan despreocupado por lo que había hecho que cuando un agente de policía le paró por una luz trasera rota, el agente no sospechó lo más mínimo y no revisó el maletero de Ed. El asesino había dominado el arte de hacerse el interesante.

Sintiéndose seguro en su casa, Ed violó los cadáveres de las mujeres, los desmembró, colocó las partes del cuerpo en bolsas de plástico y las arrojó a un barranco cerca de la montaña Loma Prieta.

El encuentro de Ed con la policía y su exitosa eliminación de los cuerpos de Mary Ann y Anita le llenaron de una macabra sensación de confianza y rápidamente se puso a trabajar en la caza y ataque de su siguiente víctima. Esta vez, Ed se centró en una estudiante de danza coreana llamada Aiko Koo, de 15 años.

Los caminos de Aiko y Ed se cruzaron cuando Aiko decidió hacer autostop para ir a su clase de baile en lugar de esperar el autobús. Aiko no tardó en darse cuenta del malvado plan de Ed y se asustó. Pero Ed era un manipulador tan experto que convenció a Aiko de que pensaba usar la pistola de su coche contra él mismo, no contra ella. En un momento dado, Ed se encerró en el coche y convenció a Aiko para que le dejara volver a entrar. Sería el peor -y último- error de su vida.

Ed llevó a Aiko a las montañas y apartó el coche a un lado de la carretera en una zona remota. Le tapó la boca con cinta adhesiva e intentó asfixiarla colocando los pulgares en sus fosas nasales. Ella perdió brevemente el conocimiento, pero pronto se despertó. Esta vez, Edmund la asfixió hasta que dejó de respirar por completo. Ed la colocó en el suelo, la violó y luego la estranguló con una bufanda. Satisfecho de que Aiko estaba finalmente muerta, metió su cuerpo en el maletero y condujo hasta un bar local donde se tomó unas cervezas y después se fue a casa de su madre.

A lo largo de la noche, Ed regresó a su coche para abrir el maletero y contemplar su obra, sintiendo cada vez un subidón. Finalmente, llevó el cadáver de Aiko a su apartamento, lo colocó en su cama y lo diseccionó. Se deshizo de la cabeza y de las manos en dos lugares distintos para evitar su identificación, y muy pocos de sus restos fueron encontrados. Las fuerzas del orden no relacionaron inicialmente la muerte de Aiko con las de Mary Ann y Anita.

· · ·

Durante cuatro meses, Edmund Kemper mantuvo a raya sus enfermizos impulsos, pero sus retorcidas ansias no tardaron en desbordarse.

En enero de 1973, Ed compró una pistola automática del calibre 22, desafiando la orden de no poseer armas de fuego debido al asesinato de sus abuelos. Temía que la policía descubriera que había comprado un arma y que finalmente lo atrapara, pero no tuvo ninguna dificultad para conseguir el arma.

La siguiente víctima de Ed fue la autoestopista Cindy Schall. La joven de 18 años estudiaba en el Cabrillo College para ser maestra o policía.

Cogió a la joven, la obligó a entrar en el maletero y le disparó en la cabeza. Volvió a la casa de su madre, donde vivía en ese momento, con el cuerpo de la estudiante en su vehículo, y mantuvo relaciones sexuales con ella antes de cortarla en pedazos y enterrar su cabeza en el jardín de su madre, justo debajo de la ventana de su habitación. La cabeza de Cindy estaba enterrada de cara a la casa para que Él pudiera fantasear que ella le miraba. Más tarde explicaría: "Le hablé, diciéndole cosas cariñosas, como se hace con una novia o esposa".

. . .

La confianza de Ed iba en aumento, pero también su preocupación de que la policía acabara relacionándolo con los asesinatos de cuatro compañeras. Esta vez, desmembró su último asesinato en la bañera, lo que le permitió eliminar cualquier evidencia de cómo había profanado el cuerpo, extrajo la bala del cráneo de Cindy, empaquetó las otras partes del cuerpo en bolsas de plástico y las arrojó por un acantilado. Para horror de Ed, los restos de Cindy fueron descubiertos en 24 horas, pero una vez más escapó sin levantar ninguna sospecha.

Ed odiaba a las mujeres, y no importaba quiénes fueran.

No conocía personalmente a las compañeras que mataba.

No eran más que una extensión de su madre, su némesis desde la infancia. Y aunque Ed disfrutaba matando, profanando y desmembrando a sus víctimas, también se sentía asqueado de sí mismo y se daba cuenta de que los asesinatos debían terminar.

. . .

En su retorcida mente, la única manera de que los asesinatos terminaran era matando a su madre. Al fin y al cabo, ella fue la persona que le hizo despreciar intensamente a las mujeres.

En el fin de semana de Pascua de 1973, Ed y Clarnell tuvieron una gran discusión. Ed salió furioso de la casa y condujo hasta el campus de la Universidad de California en Santa Cruz. Allí, conoció a Rosalind Thorpe, de 23 años, y a Allison Liu, de 20. Las atrajo fácilmente a su coche con la ayuda de una pegatina de la UCSC que había recibido de su madre, que trabajaba en la universidad.

Cuando las dos mujeres subieron a su vehículo, les disparó inmediatamente y envolvió sus cuerpos en mantas y los cargó en el maletero. Cuando regresó a la casa de su madre, decapitó a Rosalind y a Allison. A la mañana siguiente, Ed violó el cuerpo sin cabeza de Alice en su dormitorio. Extrajo la bala de la cabeza de Rosalind.

Luego, se alejó de la zona de Santa Cruz para deshacerse de los cuerpos y se dirigió a Pacífica para deshacerse de las cabezas y las manos de las mujeres.

· · ·

Más tarde en la noche, Edmund se sentó en su cama debatiendo si debía o no matar a su madre, y si lo hacía, cómo. Clarnell dormía tranquilamente en su habitación, sin saber que su hijo estaba perfeccionando su plan para masacrar a la que consideraba la presa definitiva.

A las 5:15 de la mañana del sábado, Ed fue a la cocina y cogió un martillo. Se arrastró hasta el dormitorio de Clarnell, con el arma en la mano, y la golpeó una vez, con fuerza, y luego le cortó la garganta a la mujer. No tardó más de un minuto en decapitar y quitarle las cuerdas vocales, que intentó tirar por el triturador de basura.

El nauseabundo movimiento fue simbólico para Ed. A lo largo de su vida, la voz de su madre, persistente y arengadora, sonó en sus oídos, diciéndole lo raro y despreciable que era. Ahora no volvería a insultar.

Cuando el triturador de basura escupió las cuerdas vocales de su madre en el fregadero, Ed no se sorprendió.

Incluso en la muerte, Clarnell se burlaba de él. Durante los días siguientes, Ed jugó con los restos de su madre. Violó su cabeza cortada, la colocó en la chimenea y la usó como diana. Escondió el cuerpo de su madre en un armario, limpió la escena como pudo y se fue de la casa.

Mientras conducía, se le ocurrió que la policía podría ser menos proclive a vigilarle por el asesinato de su madre si se encontraba otra víctima en la casa. Cuando regresó a casa, telefoneó a la amiga de su madre, Sara Hallett, para invitarla a la cena de Pascua.

No fue hasta cerca de las 5 de la tarde del sábado cuando Sara devolvió la llamada de Ed y aceptó su invitación a cenar. Ed había pasado todo el día preocupado porque su plan pudiera fracasar, pero parecía que podría escapar del largo brazo de la ley una vez más. Atrajo a Sara a la casa diciéndole que la cena era una sorpresa para Clarnell.

Cuando Sara llegó, Ed la estranguló primero con sus manos y luego con la bufanda que había robado a Aiko. Más tarde, por la noche, desnudó a Sara y tuvo sexo con su cuerpo en su cama.

El domingo de Pascua, Ed se subió al coche de Sara y condujo hacia el este, pero su paranoia empezaba a ser abrumadora. Decidió alquilar otro coche y dejar el de

Sara en una gasolinera, diciéndole al empleado que necesitaba reparaciones.

Ed condujo durante 18 horas, deteniéndose sólo para comprar gasolina, refrescos y pastillas. Cuando le paró la policía en Colorado por exceso de velocidad, Ed supo mantener la calma y los policías no sospecharon nada.

Finalmente se detuvo en un pueblo y decidió que era el momento de confesar sus crímenes. Su paranoia había ganado. Llamó a la policía desde un teléfono público y les contó lo que había hecho. Al principio, la policía pensó que era una llamada de broma, pero Ed les aseguró que no lo era. Después de todo, se trataba de "Big Eddie", el mismo tipo que compartía cervezas y charlas con la policía en el bar local. Pero les convenció de que estaba diciendo la verdad y esperó amablemente a que le detuvieran. Una vez esposado, confesó con entusiasmo sus numerosos delitos.

Ed dijo a la policía que le "aterrorizaba la violencia" y pidió la pena de muerte. Más tarde, declararía que había llegado a la raíz de su problema cuando mató a su madre, y que ya no necesitaba descargar su rabia en víctimas inocentes. Sin embargo, con el paso del tiempo, Ed admitiría que el impulso de matar seguía ahí.

Hambre de venganza... y más

Cuando Ed fue detenido, compartió alegremente los detalles sangrientos de sus crímenes. Su propio abogado de oficio, James Jackson, quedó tan sorprendido por sus relatos que la única defensa que pudo reunir para su cliente fue la de locura.

El testigo de la acusación, el Dr. Joel Fort, se puso inmediatamente a trabajar en la defensa de la locura. Estudió el caso de Ed, remontándose hasta el asesinato de sus abuelos. Este no era un esquizofrénico paranoico, dijo Fort. Ed estaba obsesionado con el sexo y la violencia y ansiaba la atención, pero no estaba loco.

El juicio de Ed duró tres semanas y ni una sola alma, ni sus hermanas ni los médicos de Atascadero, pudieron convencer al jurado de que Ed estaba loco. Simplemente era... "malvado". Y los jurados sólo tardaron cinco horas en condenar a Ed por 10 cargos de asesinato en primer grado. Fue condenado a ocho cadenas perpetuas. No obtuvo la pena de muerte que había pedido.

. . .

La psicología de Edmund es muy clara. En todo momento fue capaz de tomar buenas decisiones.

Las experiencias de Ed en su infancia contribuyeron sin duda a dar forma al monstruo en que se convirtió. Siempre fue rechazado por las personas que más debían quererlo y cuidarlo. Era alto y torpe, y a los 15 años ya medía 1,90 metros. La gente se sentía intimidada por Ed, y la mayoría de las veces le rehuían y le hacían sentirse aislado y cada vez más frustrado.

La razón por la que Ed Kemper se convirtió en un violador y asesino tan demente fue que rebosaba de odio. Ya de niño odiaba a la raza humana, y una vez comentó que deseaba que todos los demás en el mundo murieran y que le gustaría matarlos a todos él mismo.

Con el tiempo, se le diagnosticó un trastorno de personalidad antisocial, que puede hacer que el individuo afectado sea narcisista y tenga ansiedad social. Este trastorno suele darse en personas que crecieron en un entorno de abandono emocional y falta de amor.

Ed quería amar a su madre, pero simplemente no podía.

. . .

Clarnell odiaba a los hombres y cuando Edmund nació, trasladó ese odio a su único hijo. Supuso que crecería para ser tan terrible como los otros hombres de su vida y lo trató como tal.

Cuanto más intentaba él ganarse el amor y la aprobación de su madre, más le negaba ella esas cosas.

A diferencia de la mayoría de las personas con trastorno de personalidad antisocial, Ed era notablemente consciente de sí mismo. Sabía que "no estaba bien" y comprendía por qué era así.

Esta conciencia de sí mismo, junto con su gran inteligencia, significaba que conocía la diferencia entre el bien y el mal, según concluyeron sus médicos. Puede que no fuera capaz de controlar sus sentimientos o su visión del mundo, pero era capaz de tomar decisiones. Una y otra vez, eligió mal. No le importaba que lo que hacía estuviera mal... pero a menudo intentaba manipular a los demás para que pensaran que tenía verdadera empatía en un intento de ganarse su simpatía.

. . .

La psicóloga criminalista Adrienne Arno, que trabajó anteriormente con Lifetime Network e IDTV y que tiene títulos de la Universidad Estatal de Plattsburgh y de la Universidad de Fordham, analizó una de las primeras entrevistas de Ed después de que fuera arrestado por los asesinatos de las chicas. Ella dijo lo siguiente:

"...Cuando dijo 'Acabo de pasar por una experiencia horrible...' (refiriéndose a cómo tuvo que apuñalar a Pesce mientras Luchessa estaba atada en su coche) y 'estaba en estado de shock por eso...' [eso es] narcisismo clásico. [Él] hizo una elección activa y planificada para apuñalar a una adolescente hasta la muerte y estaba tan traumatizado por ello. ¿De verdad?... Este comentario me parece otro intento muy bien disimulado de manipular al oyente - una llamada discreta a la compasión... Luego justifica su asesinato de Luchessa diciéndose a sí mismo 'tengo que hacer esto...' (aka. No tengo elección) 'Ella va a delatarme...' (justificando POR QUÉ no tiene elección)... pero él sí tenía elección - muchas entre incluso la primera vez que recogió a las compañeras de piso (Pesce y Luchessa) en su coche y los asesinatos... Así que todo esto de 'no tenía elección' es otra forma de justificar que sabe que está mal y lo hace de todas formas". Le encantaba la atención.

. . .

Durante las entrevistas, Ed dijo que si las mujeres que recogía en su coche hablaban de los asesinatos con él, tenían "vía libre". En otras palabras, las dejaba vivir. Parece que a Ed le gustaba mucho hablar de sus crímenes y estaba orgulloso de lo que había hecho.

Arno explicó: "La única persona vulnerable en ese coche era la mujer que se llevó. Y él lo sabía. Pero hay una sensación de poder en dejar vivir a alguien cuando sabes que podrías matarlo tanto como hay poder en matar.

Así que si la 'encantadora' dama de su coche fue capaz de alimentar su ego y hacer que siguiera siendo importante (sin saberlo) hablando de los asesinatos, eso fue suficiente estímulo para su ego como para justificar que la dejara vivir."

Y añadió: "Esto me parece más bien que apreciaba la fama que le proporcionaban sus asesinatos. Hay un tipo de orgullo retorcido en su voz cuando habla de sus crímenes, es discreto pero está ahí, lo que no es del todo inaudito en una personalidad antisocial."

Arno continuó explicando que matar proporcionó a Ed las cosas que más deseaba pero que nunca recibió en circunstancias normales: reconocimiento y poder.

. . .

Kemper se veía a sí mismo como alguien "normal", pero, ¿qué es realmente normal? No existe una prueba de fuego para la normalidad. Sin embargo, la mayoría de nosotros reconocemos cosas que son altamente anormales. Matar gente es anormal. Matar a los miembros de tu familia, en particular, es anormal. Decapitar a tu madre, usar su cabeza como diana y violarla... Bueno, espero que todos estemos de acuerdo en que eso es anormal.

Pero Edmund Kemper quería hacerse pasar por un tipo normal que sólo tenía algunos problemas. Sin embargo, como ese no era el caso, tuvo que recurrir a sus expertas habilidades de manipulación. Se describió repetidamente como normal y confiado.

Dijo Arno: "Lo que le oigo decir aquí es: Miren lo increíblemente mentiroso que soy. Soy tan bueno en lo que hago que engaño a todo el mundo. El clásico narcisista.

La interacción de Kemper con la policía fue muy parecida a sus interacciones con las autoridades de salud mental: le ayudó a mantener el "subidón" que experimentó durante los crímenes. Es un viaje de poder estar tan cerca de la investigación, es emocionante saber que algo que ha hecho está recibiendo tanta atención, por no mencionar la cantidad de información útil que los sociópatas como Kemper pueden reunir para ayudarles a seguir eludiendo la captura."

Además, Kemper nunca quería admitir que el origen de todos sus problemas dependieran de él, otra muestra de su narcisismo. Tanto así, que culpó de la muerte de su madre y ella misma.

Clarnell, la madre, no tenía la menor idea de lo que su hijo estaba haciendo. Si lo hubiera sabido, nadie sabe lo que habría hecho, pero es poco probable que se lo hubiera callado.

Ed se esforzó mucho por mantener en secreto sus estomagantes aficiones, y sin embargo parece indicar que, dado que llevaba una semana planeando matarla antes de llevar a cabo el plan, ella debería haber sabido que iba a hacerlo.

Dice: "Sabía una semana antes que iba a matarla -" y luego sacude la cabeza rápidamente dando paso al resto de la frase que es "salió a una fiesta" Para mí, el momento y el lugar en el que se produce el movimiento de cabeza en la frase parecen (no vemos a Kemper terminar la frase, por desgracia) estar comunicando específicamente: Sabía que me di cuenta de que ELLA tenía que morir y salió y se emborrachó de todos modos. Debería haberlo sabido, me obligó a hacerlo". Como si su madre fuera capaz de leer su mente y supiera que esa semana corría más peligro si no se portaba bien. De nuevo, esta es mi sospecha basada en lo que estoy escuchando y viendo, pero no en lo que las pruebas indican claramente.

"Vemos un leve movimiento de la cabeza (que indica 'sí' o verdad) y luego vemos ese obvio y fuerte inicio de la sacudida de la cabeza 'no'. Esto no es nada concluyente, pero lo que me sugiere, basado en mi experiencia, es el conflicto. Nos dice que sabía que tenía que matar a su madre, pero que estaba en conflicto (¿es sí o es no? ¿debo asentir o debo sacudir?) y todavía se siente en conflicto internamente sobre su revelación. Para mí, con las imágenes interrumpidas que tenemos de este momento, empezaría a preguntarme si en ese momento se sentía honestamente seguro de su decisión de matar finalmente a su madre. Porque parte de su lenguaje corporal indica que no lo hacía".

. . .

Sin embargo, Arno señala que en sus entrevistas, Ed expresó lo que parecía ser una verdadera emoción al hablar de su madre, lo que apunta una vez más a su deseo pero incapacidad de amarla.

Dado que Ed disfrutaba hablando de sus crímenes y de su desquiciada vida de fantasía, cuando los famosos perfiladores del FBI John Douglas y Bob Ressler le pidieron que le entrevistara, Ed estuvo más que encantado de hacerlo.

Independientemente de sus motivos, su visión se convirtió en algo inestimable para la agencia.

John Douglas es uno de los pioneros del análisis de la investigación criminal moderna, habiendo realizado el primer estudio organizado en Estados Unidos sobre lo que hace que los criminales violentos "funcionen", es decir, sus motivos y métodos.

Bob Ressler desempeñó un papel importante en el desarrollo de perfiles psicológicos de delincuentes violentos en la década de 1970 y se le atribuye la acuñación del término "asesino en serie."

. . .

Douglas dijo de su tiempo con Ed: "Su actitud no era ni chulesca y arrogante ni arrepentida y contrita. Por el contrario, era frío y de voz suave, analítico y algo distante". De hecho, a medida que avanzaba la entrevista, a menudo resultaba difícil intervenir y hacer una pregunta.

Las únicas veces que se puso a llorar fue al recordar el trato que recibió de su madre".

Ed es sólo uno de los infames asesinos entrevistados por John Douglas y Bob Ressler. John Wayne Gacy y Jeffrey Dahmer son sólo un par de otros notables asesinos en serie que la pareja entrevistó. La popular serie de Netflix "Mindhunter" está basada en el trabajo de John Douglas y Bob Ressler.

Edmund Kemper cumple actualmente ocho cadenas perpetuas en el Centro Médico de California en Vacaville. El imponente preso ha renunciado, al parecer, a la vida. Está confinado a una silla de ruedas y ya no recibe visitas ni se baña por sí mismo, según John Douglas, quien admitió que Kemper le resultaba un individuo muy simpático.

Entre 1977 y 1987, Ed pasó 5.000 horas en una cabina de grabación narrando libros para discapacitados visuales.

Narró varios cientos de libros. Ed vive en régimen de aislamiento, donde se le permite una hora de recreo al día y tres duchas a la semana.

Kemper es una mezcla nociva de naturaleza y crianza, tan dañada como peligrosa. Es difícil no simpatizar con la versión más joven de Ed Kemper, pero no hay duda de que nunca debería ser puesto en libertad.

Hasta hace poco, al menos, él siempre había expresado que era más feliz en la cárcel que como hombre libre. El mundo también es más feliz con él allí.

4

John Wayne Gacy, el payaso mortal

¿Quién era John Wayne Gacy? John Wayne Gacy fue un asesino en serie y violador estadounidense que acabó con la vida de al menos 33 jóvenes en el condado de Cook (Illinois), enterrando a la mayoría bajo su casa.

Otros cuerpos se recuperaron en el cercano río Des Plaines.

Conocido a veces como el "payaso asesino" por su costumbre de vestirse con traje de payaso y maquillaje, Gacy tuvo una infancia abusiva y luchó contra su homosexualidad. Tras ser condenado por agresión sexual en 1968, se descubrieron los asesinatos de Gacy.

. . .

Gacy nació el 17 de marzo de 1942 en Chicago, Illinois.

Hijo de padres daneses y polacos, Gacy y sus hermanos crecieron con un padre alcohólico que golpeaba a los niños con una correa de afeitar si consideraban que se habían portado mal. Su padre también agredió físicamente a la madre de Gacy.

La hermana de Gacy, Karen, diría más tarde que los hermanos aprendieron a endurecerse ante las palizas y que Gacy no lloraba.

Gacy sufrió una mayor alienación en la escuela, incapaz de jugar con otros niños debido a una enfermedad cardíaca congénita que su padre consideraba un defecto más. Más tarde se dio cuenta de que se sentía atraído por los hombres, y experimentó una gran confusión sobre su sexualidad.

Gacy trabajó como gerente de una cadena de comida rápida durante la década de 1960 y se convirtió en un contratista de la construcción y en capitán del distrito electoral demócrata en los suburbios de Chicago en la década de 1970.

. . .

Muy querido en su comunidad, Gacy organizaba reuniones culturales y participaba activamente en organizaciones políticas y en el grupo cívico Jaycees.

Estuvo casado y se divorció dos veces y tuvo dos hijos biológicos (además de dos hijastras).

Gacy era miembro de un club de payasos "Jolly Joker" de la zona de Chicago y actuaba con frecuencia vestido y maquillado de payaso en fiestas infantiles, actos benéficos y otros eventos como sus alter egos "Pogo el payaso" o "Patches el payaso".

El "Payaso Asesino" a veces atraía a sus víctimas con la promesa de trabajos de construcción o alguna otra artimaña, y luego capturaba, agredía sexualmente, torturaba y finalmente estrangulaba a la mayoría de ellas con sus manos o con una cuerda.

Años más tarde, durante una conversación con los detectives mientras estaba bajo vigilancia, Gacy habló de su trabajo como payaso y comentó: "Los payasos pueden salirse con la suya en los asesinatos".

. . .

En 1968, Gacy fue condenado por agredir sexualmente a dos adolescentes y recibió una sentencia de 10 años de prisión.

Salió en libertad condicional en el verano de 1970, pero fue detenido de nuevo al año siguiente después de que otro adolescente acusara a Gacy de agresión sexual. Los cargos se retiraron cuando el chico no compareció en el juicio.

A mediados de la década de 1970, otros dos jóvenes acusaron a Gacy de violación, y la policía le interrogó sobre las desapariciones de otros. Gacy se refería a este periodo de su vida como sus "años de crucero", en los que cometió la mayoría de sus asesinatos.

El 11 de diciembre de 1978, Robert Piest, de 15 años, desapareció. Se informó a la policía de que el chico había sido visto por última vez por su madre en una farmacia donde trabajaba antes de dirigirse a reunirse con Gacy para hablar de un posible trabajo en la construcción.

Diez días después, un registro policial en la casa de Gacy en Norwood Park, Illinois, descubrió pruebas de su participación en numerosos delitos, incluido el asesinato. Más tarde se descubrió que Gacy había cometido su primer asesinato conocido en 1972, quitándole la vida a Timothy McCoy, de 16 años, tras atraer al joven a su casa.

Tras un largo periodo de vigilancia e investigación policial -y el descubrimiento de varias zanjas llenas de restos humanos en el sótano de su casa- Gacy acabó confesando que había matado a unas 30 personas.

La casa de Gacy estaba situada en el 8213 W. Summerdale Ave. en Norwood Park, justo al este del aeropuerto internacional O'Hare de Chicago. En varias ocasiones, los visitantes y los miembros de la familia informaron de que la casa tenía un olor inusual, que Gacy atribuyó al moho o a los roedores.

La casa de "Pogo" el payaso, que era un sencillo rancho de una sola planta situado en un barrio de clase media, se había equipado con una trampilla que conducía a un espacio bajo la casa, donde se deshacía de muchos de los cuerpos de sus víctimas. Otros eran enterrados en el patio trasero o arrojados al cercano río Des Plaines.

. . .

En 1978, con Gacy detenido, se desmanteló la casa para encontrar más pruebas. Al año siguiente, la casa y todas las estructuras de la propiedad fueron demolidas, y finalmente se construyó una nueva casa en la propiedad.

Según un trabajador que participó en la demolición de la casa de Gacy, "si el diablo está vivo, vivió aquí".

A lo largo de los años, ha persistido la preocupación de que Gacy pudiera haber sido responsable de la muerte de otras personas cuyos cuerpos aún no se han encontrado. Y cuando la policía descubrió restos humanos en la casa de Gacy en 1978, ocho cuerpos no pudieron ser identificados.

Más recientemente, las autoridades del condado de Cook utilizaron pruebas de ADN para identificar a las víctimas no identificadas de Gacy. En 2017, uno de esos hombres, la "víctima número 24", fue identificado como James "Jimmie" Byron Haakenson, de 16 años.

En 1976, Haakenson dejó su hogar en St. Paul, Minnesota, y viajó a Chicago para comenzar su vida en la ciudad. El 5 de agosto, llamó a su madre para comunicarle que había llegado; sin embargo, la policía cree que Gacy lo mató poco después.

. . .

En 1979, la madre de Haakenson se había puesto en contacto con las autoridades para averiguar si su hijo era una de las víctimas de Gacy, pero no tenía registros dentales y el departamento carecía de recursos suficientes para identificarlo como víctima.

La madre de Haakenson murió a principios de la década de 2000, pero otros miembros de la familia proporcionaron muestras de ADN en 2017, y las autoridades hicieron una coincidencia inmediata con la "víctima número 24".

Captura y juicio: El juicio de Gacy comenzó el 6 de febrero de 1980. Como Gacy había confesado los crímenes, los argumentos se centraron en si podía ser declarado demente y, por tanto, remitido a un centro psiquiátrico estatal.

Gacy había dicho a la policía que los asesinatos habían sido cometidos por una personalidad alternativa, mientras que los profesionales de la salud mental testificaron para ambas partes sobre el estado mental de Gacy.

. . .

Tras una breve deliberación del jurado, Gacy fue declarado finalmente culpable de cometer 33 asesinatos, y pasó a ser conocido como uno de los asesinos en serie más despiadados de la historia de Estados Unidos. Fue condenado a cumplir 12 penas de muerte y 21 cadenas perpetuas naturales.

Gacy estuvo encarcelado en el Centro Correccional Menard de Illinois durante casi una década y media, apelando la sentencia y ofreciendo declaraciones contradictorias sobre los asesinatos en las entrevistas.

Aunque había confesado, Gacy negó más tarde ser culpable de los cargos y se hizo habilitar un número de teléfono 900 con una declaración grabada de 12 minutos en la que declaraba su inocencia.

Cuando tanto las fuerzas contrarias a la pena de muerte como los partidarios de la ejecución dieron a conocer sus opiniones, Gacy murió por inyección letal el 10 de mayo de 1994, en el Centro Correccional de Stateville, en Crest Hill, Illinois.

. . .

Mientras estaba encarcelado en el Centro Correccional de Menard, Gacy comenzó a estudiar artes visuales, especialmente la pintura. Sus pinturas se mostraron al público a través de una exposición en una galería de Chicago.

Muchos de sus cuadros representan a Gacy como "Pogo el payaso".

Dedicó muchas horas a pintar al óleo durante sus 14 años en el corredor de la muerte.

Entre sus temas estaban payasos, pájaros, calaveras, Jeffrey Dahmer, Elvis Presley, Mickey Mouse, Jesús, John F. Kennedy, Adolfo Hitler, los Siete Enanitos de Disney y un autorretrato titulado "Adiós Pogos". Gacy regaló los cuadros a amigos por correspondencia.

En 2017, Mullock's Auctions, en Shropshire (Reino Unido), subastó varias obras de arte de Gacy, así como fotografías de la escena del crimen del juicio de Gacy.

Tres de los cuadros de Gacy, incluidos dos originales de "Soy Pogo el payaso" y "Le llaman Sr. Gacy", se vendieron por 4.000 libras y 325 libras, respectivamente. Otras ocho obras no se vendieron.

Una película para televisión de 1992 titulada "To Catch a Killer" (Atrapar a un asesino) exploraba los esfuerzos por averiguar qué había pasado con los adolescentes desaparecidos que más tarde se descubrió que estaban entre las víctimas de Gacy.

La película, protagonizada por Brian Dennehy, Michael Riley y Margot Kidder, fue nominada a un premio Emmy por la actuación de Dennehy. Según Dennehy, Gacy le escribió una carta desde la cárcel, protestando por su representación en la película y proclamando su inocencia.

Es importante aclarar que las historias de los "payasos locos" o "malvados" no comienzan con la historia de John Wayne Gacy. El pánico a los payasos malvados sigue creciendo, el lado oscuro del animador de circo moderno se remonta a la antigua Roma.

"Día tras día se sentaba ante el espejo, con el pincel en la mano, marcando sus rasgos, limpiandolos y volviendo a empezar, hasta que finalmente surgía de la luz de las velas un rostro con una sonrisa tan incendiaria que se negaba a ser borrada", escribe Andrew McConnell Stott en su aclamada biografía The Pantomime Life of Joseph Grimaldi.

"Comenzó con una gruesa base de pintura grasa, aplicada a cada centímetro expuesto de la cara, el cuello y el pecho... La fijó con una nube de polvo, y luego pintó una herida de color rojo sangre, una mancha kilométrica de mermelada, para formar la caverna abierta y glotona de una boca. Los ojos, anchos y en blanco, estaban arqueados por gruesas cejas... cada mejilla recibía un chevrón rojo que transmitía una salud insolentemente grosera y, al mismo tiempo, sugería alguna bestia exótica de la demonología hindú".

Como descripción de una máscara, es inquietante.

Como descripción del payaso moderno, es perspicaz: cuando estos proveedores de caos se trasladaron del escenario a la pista del circo, siguieron siendo tan inquietantes como divertidos.

Fue a finales del siglo XIX cuando la estrella de la pantomima británica Grimaldi perfeccionó su alter-ego Joey, un personaje que fue el precursor del payaso que conocemos hoy en día, y que actualmente aterroriza a personas de todo el mundo en una espiral de "clown-demia". Los informes sobre payasos que intentan atraer a los niños a los bosques del estado estadounidense de Carolina del Sur aparecieron por primera vez en agosto. Desde entonces, se han producido avistamientos de payasos con comportamientos amenazantes en todo el mundo: el pánico social ha provocado una reacción, con detenciones, cierres de escuelas y la prohibición de los disfraces de payaso en Halloween por parte de las autoridades locales. McDonald's ha limitado las apariciones públicas de Ronald McDonald y una marcha de "Clown Lives Matter" programada en Arizona tuvo que ser cancelada después de que los organizadores recibieran amenazas de muerte.

La moda ha sido condenada por los payasos profesionales, que afirman que podría amenazar su sustento y "corre el riesgo de dañar permanentemente la reputación del arte".

Sin embargo, los payasos no siempre han sido animadores infantiles poco amenazadores: cuando Grimaldi se transformó en Joey, estaba aprovechando una tradición que se remonta a miles de años atrás.

. . .

En la antigua Roma se habla de un hombre divertido que imitaba a los difuntos en sus propios funerales. El archimimus se permitía ofender incluso a los familiares en duelo. Lucius M Sargent cuenta cómo Suetonio, en su Vida de Tiberio, describió a uno en el funeral del emperador Vespasiano. "Se dedicaba a imitar la voz, los modales y los gestos del difunto", escribe Sargent. "El tipo se dedica a hacer bromas sobre el absurdo gasto del funeral".

El archimimo de Roma se tomaba libertades del mismo modo que los bufones de la corte de la realeza europea medieval. "El bufón de la corte tenía licencia para decir cosas que podían ser groseras o políticas o socialmente inaceptables, incluso sobre el rey", dice Benjamin Radford, autor de Bad Clowns. "Podía burlarse del peso del rey o de lo jóvenes que eran sus concubinas y no ser condenado a muerte por ello, debido a la función del payaso como adivino.

"Si se echa un vistazo a la historia del payaso, siempre ha sido una figura ambigua.

A veces se ríen de sí mismos, a veces se ríen de ti; a veces son la víctima, a veces tú eres la víctima. Es un error preguntarse cuándo se volvieron malos los payasos, porque para empezar nunca fueron 'buenos'", dice. "Lo vemos en el personaje del arlequín y, por supuesto, en el Sr. Punch, que es un arquetipo clásico de payaso malo que se ha representado en Inglaterra durante más de 300 años. Es un personaje muy querido que es a la vez divertido y malvado. Es un guiso irresistible para mucha gente".

Radford ve ecos en la actualidad. "Donald Trump ha explotado a la perfección los aspectos del payaso malvado: es un showman, un artista, insulta a la gente y luego, cuando se le llama la atención, dice 'sólo estaba bromeando'; lo hace para llamar la atención, como hacen los payasos". Independientemente de lo que pienses de Trump, hay muchos paralelismos claros con el personaje del payaso diabólico."

Enmascarar los miedos: En su investigación, Radford se sorprendió de la variedad de lugares en los que aparece el arquetipo. "Una vez que empiezas a recoger los hilos y a identificar temas comunes en el personaje del payaso malvado, salen a relucir", dice.

Durante siglos, el pueblo cherokee de Norteamérica ha realizado un ritual de reacción contra la intrusión de los forasteros. La Danza de los Mocos comienza con un preludio en el que los miembros de la tribu bailan juntos durante unos 30 minutos; luego llega un grupo de hasta 10 varones, con máscaras que representan a los extranjeros, a menudo desfigurados como si estuvieran infectados de viruela. El antropólogo estadounidense Dr. Frank Gouldsmith Speck observó las representaciones en 1935 y 1936 en una reserva cherokee del oeste de Carolina del Norte. En su libro "Cherokee Dance and Drama", describe cómo la compañía de enmascarados: "entra bulliciosamente en la casa donde se celebra la fiesta nocturna. Los enmascarados son sistemáticamente malignos. Al entrar, algunos se hacen los locos, caen al suelo, golpean a los espectadores y persiguen a las chicas".

Esta es la cuerda floja que recorre el payaso: anarquía contenida lo suficiente para permitir la risa. El ritual tiene tanto humor como amenaza. En la parte principal, cada enmascarado "ejecuta pasos torpes y grotescos, como si fuera un blanco torpe que intenta imitar la danza india".

Esto continúa "hasta que todos los visitantes enmascarados han competido en atraer los aplausos con sus nombres obscenos y sus payasadas".

. . .

A la llegada de los Boogers, señala Speck, "cuando el primer invasor fue interrogado sobre su nacionalidad e identidad, rompió estrepitosamente el viento y esto fue recibido con un risible aplauso".

Esta es la cuerda floja que recorre el payaso: la anarquía contenida lo suficiente para permitir la risa, una amenaza que se disuelve en un objeto de burla. Cuando ese equilibrio se inclina hacia el lado equivocado, se produce un rápido deslizamiento hacia el horror. El profesor de filosofía David Livingstone Smith cree que el desajuste entre la apariencia y la acción es lo que hace que los payasos sean espeluznantes.

"Los payasos son peculiares porque están destinados a ser encantadores y divertidos, pero mucha gente los encuentra perturbadores", le dice a BBC Culture, haciendo referencia al trabajo de investigación de 2016 On the Nature of Creepiness. Los psicólogos Francis McAndrew y Sara Koehnke, del Knox College de Illinois, pidieron a más de 1.000 personas que calificaran lo espeluznante de una lista de ocupaciones como parte de una encuesta más amplia. "Los payasos se llevaron el premio gordo de lo espeluznante", dice Livingstone Smith.

. . .

El estudio concluye que: "sentirse espeluznado es una respuesta emocional adaptativa evolucionada a la ambigüedad sobre la presencia de una amenaza." En otras palabras, como escribió Smith en el sitio web Aeon, "una persona es espeluznante si no estamos seguros de que sea alguien a quien temer".

Este carácter espeluznante inherente fue llevado al extremo con la idea de nuestro "payaso asesino" aquí descrito: el personaje que los bromistas llevan actualmente a las calles y callejones de todo el mundo. Algunos sostienen que esto comenzó con la detención del asesino en serie John Wayne Gacy en 1978. A menudo se le considera la inspiración de Pennywise en la novela de terror de Stephen King "It", de 1986 (King se ha pronunciado recientemente sobre la moda de los "payasos asesinos", diciendo: "Es hora de enfriar la histeria de los payasos: la mayoría son buenos, alegran a los niños, hacen reír a la gente").

Sin embargo, es una rama de la cultura popular que se remonta mucho más allá de Pennywise. La ópera Pagliacci de Ruggero Leoncavallo de 1892 (que significa "payasos" en italiano) presenta a un payaso que descubre que su mujer le engaña y la asesina en el escenario. En una de las arias de la ópera, el payaso se lamenta de que su trabajo consiste en hacer reír al público, aunque él esté llorando por dentro; luego canta "Se il viso è pallido, è di vergogna": "si mi cara es blanca, es de vergüenza".

El dramaturgo francés Catulle Mendes afirmó que Leoncavallo robó el argumento de su obra de 1887 La Femme de Tabarin, en la que un payaso también asesina a su esposa infiel en el escenario: mientras agoniza, unta los labios de su marido con su sangre.

El potencial de los payasos para invocar el miedo era ampliamente reconocido en aquella época. En 1879, el escritor francés Edmond de Goncourt escribió que los "retozos y saltos de los payasos no tratan de divertir a la vista, sino que consiguen suscitar un inquietante asombro y emociones de miedo y sorpresas casi dolorosas por este extraño y malsano movimiento del cuerpo y los músculos [con] visiones de Bedlam, del anfiteatro de la anatomía, de la morgue". Llama a los payasos "modernos fantasmas de la noche", cuyas acciones son "gesticulaciones idiotas, la agitada mímica de una banda de locos".

Podría decirse que la locura era parte del atractivo de Grimaldi. Formado como payaso por un padre abusivo y tirano, se refugió en la infancia con el personaje Joey. Sin embargo, según Stott, esto "no era en absoluto un retorno a la inocencia: no había mucho consuelo en volver a un período de su vida que había sido implacablemente complejo y traumático". Grimaldi había quedado lisiado por las lesiones provocadas por décadas de volteretas, y sufría dolores constantes.

"Soy 'Grim todo el día'", bromeaba, "pero te hago reír por la noche". Propenso a la depresión, con un hijo alcohólico que murió a los 30 años, Grimaldi se dio a la botella y murió en la pobreza.

A los 25 años, Charles Dickens recibió el encargo de editar las memorias de Grimaldi, poco después de la muerte del gran payaso en 1837. Dickens ya había escrito "Los papeles de Pickwick", en los que aparecía un personaje que, según se dice, estaba basado en el hijo de Grimaldi: "los ojos vidriosos, que contrastaban terriblemente con la espesa pintura blanca con la que estaba embadurnado el rostro; la cabeza grotescamente ornamentada, temblorosa por la parálisis, y las largas y flacas manos, frotadas con tiza blanca, todo ello le daba un aspecto horrible y antinatural".

. . .

Stott ha escrito que, a través de estas memorias, "la risa y la miseria se convierten en la balanza sobre la que se pesa constantemente la existencia de Grimaldi, ya que cada triunfo en su carrera se paga con una agonía personal proporcional, y cada momento de alegría se contrarresta con el dolor".

Lo reciente es la creencia de que los payasos son inofensivos, no la idea de que son inquietantes.

"Hay una ambigüedad sobre qué tipo de cosas son", dice Livingstone Smith. "Si los payasos se reconfiguran de manera que la ambigüedad disminuyera, no serían tan inquietantes". Pero podría decirse que también dejarían de ser payasos. ¿Cómo aprovecho esto nuestro payaso asesino? En su caso, ¿no el disfraz de payaso le sirvió de fachada y máscara para cometer una serie de crímenes que aterrorizó a todo un país?

5

Luis Alfredo Garavito, "la bestia" colombiana

Nacido el 25 de enero de 1957 en Génova, Quindío, región cafetera del oeste de Colombia, Luis Alfredo Garavito era el mayor de siete hijos y creció en un ambiente de violencia: golpeado por su padre, Manuel Antonio Garavito, y violado repetidamente por dos vecinos varones.

Garavito sólo tuvo cinco años de escolarización y se fue de casa a los 16 años, trabajando primero como dependiente de una tienda y luego como vendedor ambulante que vendía iconos religiosos y estampas.

De adulto, Garavito fue de un trabajo a otro, bebiendo en exceso y comportándose de forma agresiva hasta que se agotó y se trasladó a la siguiente ciudad. Intentó suicidarse al menos una vez y estuvo bajo atención psiquiátrica durante cinco años, según los informes policiales.

Garavito había confesado haber matado al menos a 140 niños de entre 8 y 16 años durante un periodo de cinco años que terminó cuando fue encarcelado el 22 de abril de 1999 por un cargo de violación de un niño de 12 años no relacionado con el caso.

La policía y la fiscalía afirman que Garavito ha admitido haber matado a niños en 54 ciudades de Colombia, así como en Ecuador. La mayor concentración de asesinatos parece haberse producido en su región natal, en Pereira y sus alrededores, una zona cafetera del centro-oeste del país.

El anuncio de la confesión de Garavito ha generado disgusto, indignación y miedo en toda esta nación sudamericana de 40 millones de habitantes. En Colombia no existe la pena de muerte por asesinato, pero la enormidad de los crímenes de los que se acusa a Garavito ha llevado al general Rosso José Serrano, jefe de la policía nacional, y a muchos otros a pedir una excepción.

Garavito, un vagabundo, se hacía amigo de los niños y los llevaba a dar largos paseos hasta que se cansaban. Luego los ataba a los árboles con una cuerda de nylon, los degollaba o los decapitaba y enterraba sus cuerpos en fosas poco profundas, y los investigadores suponen que un gran número de ellos sufrieron abusos sexuales.

Ha alegado que todos sus crímenes los cometía cuando estaba borracho y se dejaba llevar por un "ser superior". La policía ha encontrado hasta ahora 114 esqueletos.

Muchas, si no la mayoría, de las víctimas parecen haber sido niños de la calle, de familias pobres o separados de sus padres por la pobreza o la violencia política que ha desplazado a 1,5 millones de colombianos en poco más de una década. Estos niños -sucios, hambrientos, malhumorados y mal vestidos- se han convertido en una imagen familiar en las esquinas de las grandes ciudades y pueblos de Colombia, donde mendigan, venden periódicos o chicles, o lustran zapatos.

Los investigadores fueron conducidos a Garavito cuando los testigos y los registros de los hoteles lo situaron cerca de muchos de los asesinatos, y la cuerda encontrada en su casa coincidía con la utilizada para atar las manos de muchas de las víctimas, entre otras pistas.

. . .

La policía dijo que las pruebas contra Garavito, de pelo castaño y ojos verdes, que tiene una profunda cicatriz en el brazo izquierdo, son tan sólidas que provocaron la confesión.

La policía desenterró una fosa común con sus presuntas víctimas, 25 niños, en noviembre de 1997, en un barranco de la ciudad cafetera de Pereira, al oeste del país.

Ese espantoso descubrimiento, que las autoridades locales pensaron inicialmente que era obra de una secta satánica, llevó a las autoridades a crear un grupo de trabajo nacional que empezó a encontrar similitudes entre los casos de todo el país.

En Colombia desaparecen niños todo el tiempo, y las autoridades dijeron que era porque no había nadie que se diera cuenta de que los niños estaban desaparecidos o que preguntara por su paradero que Garavito pudo matar durante tanto tiempo sin ser detectado. Pero su confesión ha provocado una avalancha de críticas de la gente pobre, que dice que la policía es indiferente, abusiva o corrupta.

. . .

Garavito se hacía pasar por "vendedor ambulante, monje, indigente, minusválido o representante de fundaciones ficticias para la tercera edad y la educación infantil, consiguiendo así entrar en las escuelas como orador".

Desde que comenzaron los asesinatos en 1992, Garavito se había trasladado con frecuencia y había pasado un tiempo en Ecuador, donde la policía intentó relacionarlo con otras muertes de niños. La policía dijo que Garavito se sometería a un exhaustivo examen psicológico. Garavito sólo ha sido condenado a prisión por dos de sus crímenes.

Un juez de Tunja, la capital de la provincia central de Boyacá, condenó a Garavito por el asesinato de Silvino Rodríguez, de 14 años, cuyo cuerpo decapitado y torturado fue descubierto en las afueras de la ciudad en junio de 1996.

También declaró a Garavito culpable del intento de violación del niño de 12 años en la ciudad occidental de Villavicencio en abril de 1999, crimen que condujo a su detención.

. . .

El juez condenó a Garavito a la pena máxima de prisión del país, 60 años.

Sin embargo, la sentencia se redujo a 52 años y seis meses gracias a un acuerdo de conformidad con el cual Garavito aceptó no impugnar ninguno de los cargos que se le imputaban.

Luis Alfredo Garavito Cubillos (nacido el 25 de enero de 1957) es el asesino en serie con uno de los mayores números probados de víctimas. Entre 1992 y 1999, Garavito asesinó a más de 200 niños con edades comprendidas entre los 8 y los 13 años, con la excepción de un chico de 16 años (minusválido, marzo de 1994).

Su modus operandi se mantuvo relativamente estable. Durante el día, atraía a los niños de menor estatus social fuera de las zonas abarrotadas de la ciudad a zonas ocultas en las que crecían plantas altas. Garavito prometía un pago por un trabajo fácil, o drogas, o hacía otras ofertas. Los niños eran atados, torturados, violados y asesinados por lo menos con un corte en la parte lateral del cuello, o por decapitación. Durante los asesinatos, Garavito estaba borracho.

. . .

Incluso después de su detención (por intento de violación) con una identidad errónea, no fue posible rastrear inmediatamente sus crímenes, ya que Garavito cambiaba con frecuencia de lugar de residencia y de trabajo. También se hizo diferentes peinados y utilizó nombres equivocados. Durante sus confesiones, aún en curso, ahora dirige a los investigadores correctamente a todas las escenas del crimen en toda Colombia.

A pesar de una condena inicial de 2.600 años, es posible que Garavito salga de la cárcel en los próximos 10 a 20 años, después de cumplir una condena de mínimo 25 a máximo 40 años de cárcel.

Nuestro relato se basa en una visita de diez días en Bogotá y Villavicencio en julio de 2002 que incluyó varias reuniones con los investigadores, el propio Garavito y su asistente social. Técnicamente, el caso sigue en curso, ya que Garavito sigue confesando que ha cometido delitos desconocidos.

La detención: El 22 de abril de 1999, en unos arbustos cercanos a una calle que sale de la ciudad de Villavicencio (unos 400.000 habitantes) en Colombia, un indigente observó a un hombre adulto que intentaba abusar de un niño. Ese mismo día, los taxistas observaron a un hombre que coincidía con la descripción dada por el niño. El hombre no tenía identificación personal pero dio el nombre y el número de identificación de un hombre que era político en una pequeña ciudad. Como en aquella época no existía ningún ordenador ni red de archivos ni registro obligatorio del lugar de residencia, no se pudieron comprobar sus datos. Sin embargo, al ser preguntado por el lugar al que pretendía ir, el hombre dijo a la policía que se dirigía a un pueblo que estaba a 30 metros de la dirección que había dado.

Al parecer, el hombre había perdido la orientación, y debido a la coincidencia de la descripción personal dada por el cuerpo, fue puesto en prisión.

Un año antes, en febrero de 1998, se descubrieron dos cadáveres desnudos de niños que yacían uno al lado del otro en las afueras de la ciudad de Genua (Colombia). El lugar estaba situado en la ladera de una colina, como la mayoría de las otras escenas del crimen. Al día siguiente, a escasos metros, se encontró un tercer cadáver, esta vez en avanzado estado de descomposición. Todos los cuerpos habían sido atados por las manos. Se detectaron numerosas manchas de sangre en la zona, así como un cuchillo. Los cuellos de los cuerpos y los genitales externos estaban profundamente cortados o seccionados. Una investigación más detallada de los cuerpos reveló marcas de mordiscos y signos de penetración anal; también se encontró una botella de lubricante. No se pudo determinar el intervalo post mortem; no se pudo realizar la tipificación del ADN de las manchas recogidas debido a los costes.

Como en ese momento había varios asesinos en serie conocidos sueltos en Colombia, no estaba claro si se trataba de víctimas de, por ejemplo, Pedro Alonso López (unas 70 víctimas; conocido localmente como el "monstruo/estrangulador de los Andes").

Sin embargo, las escenas del crimen y el estado de los cadáveres no coincidían en absoluto con los crímenes de los otros asesinos en serie, por ejemplo, López sólo mataba a niñas. La elaboración de perfiles no fue posible debido a problemas de organización y financiación.

Se descubrió que los chicos muertos vivían en un pueblo cercano, tenían 11 y 13 años, y habían sido amigos íntimos. Procedían de un entorno socioeconómico débil y tenían que trabajar en la calle vendiendo fruta, chicles, etc., para aumentar los pobres ingresos de su familia.

. . .

Los investigadores observaron que: a) la madre de una de las víctimas comentó que su hijo volvió brevemente a casa el día que desapareció y le dijo que iba a ayudar a un hombre con un transporte de ganado, y que b) era extraño que todos los niños desaparecieran sobre las 10 de la mañana en días diferentes. La explicación que se encontró mucho más tarde fue que Garavito solía ofrecer a los niños zumo o pastel en una tienda local, comprobaba su carácter, la estructura de la piel (suave, no demasiado oscura), etc., y luego les pedía o bien que caminaran con él, o bien que le ayudaran a llevar algo. Garavito ajustaba no sólo su atuendo (vendedor ambulante, vagabundo, sacerdote, etc.) sino también la tarea que pedía según la situación local (llevar una caja de naranjas, ayudarle con el ganado, cosechar caña de azúcar, etc.).

También prometía drogas a los niños adictos, y pagaba apuestas a los niños interesados en los juegos. Al principio, Garavito se limitaba a ofrecer dinero, pero como la mayoría de los niños lo encontraban sospechoso, cambió a una mezcla de promesas y una cantidad de dinero adecuada, aunque ligeramente elevada (normalmente una cantidad que valía un poco más que un día de trabajo de los niños, es decir, los niños no se lo decían a sus padres directamente, sino que utilizaban el dinero como ingreso falso a cambio de un día libre). En todos los casos, intentaba atraer a los niños inmediatamente para que no volvieran a casa antes.

Una unidad de cuatro personas de la Oficina de Investigaciones de la Fiscalía de la provincia de Armenia comenzó a buscar homicidios similares en toda Colombia. Se informó de cientos de casos, pero la mayoría de los niños no habían sido identificados ni existía una descripción de sus lesiones. La identificación retroactiva mediante el uso de los dientes era a menudo imposible, ya sea porque los niños nunca tuvieron una radiografía, o las radiografías fueron enterradas después de los terremotos de 1998. Por lo tanto, hasta hoy, 27 de los niños asesinados por Garavito no están identificados. La reconstrucción facial se realizó en pocos casos en el Instituto de Medicina Legal de Bogotá.

Otra serie de asesinatos contra niños de entre 8 y 10 años en la región del Valle en 1995 levantó más sospechas. Dos de los 4 niños muertos eran primos, y de nuevo, todos los niños procedían de un entorno social débil, fueron descritos como poco inteligentes, y de nuevo, desaparecieron poco antes del mediodía. Una vez más, los niños fueron encontrados en la ladera de una colina con plantas de alto crecimiento, no muy lejos de la ciudad. El patrón de que los niños sean asesinados más o menos en un mismo lugar pero en días diferentes es una firma de Garavito. No enterraba los cuerpos, sino que los dejaba en el lugar. Una vez que encontraba un lugar adecuado para los asesinatos, lo volvía a utilizar. Los niños pudieron sospechar que algo iba mal una vez que llegaron, pero fueron atados inmediatamente.

Garavito no podía contenerse ni siquiera en situaciones de peligro. En las primeras horas de la tarde del 8 de junio de 1996, un niño desapareció en la ciudad de Boyacá. Siguió a Garavito en su propia moto (la del chico) por lo que no hubo violencia. El cadáver fue encontrado 5 días después decapitado con el pene seccionado metido dentro de la boca. La madre del niño inició inmediatamente una búsqueda y descubrió que el niño había sido visto por última vez en una tienda local con otros niños y un desconocido que les compró caramelos. El desconocido fue identificado como Garavito, que se quedó en el pueblo.

Fue interrogado por la policía, pero declaró que seguramente compró caramelos a los niños, pero que luego se fue solo. Aproximadamente 4 días después, Garavito mató a un niño de 13 años en la cercana ciudad de Pereira.

. . .

Una parte del comportamiento ya mencionado, las decapitaciones, o al menos su intento parecían ser típicas de Garavito. En muchos casos, debido a la descomposición, la única forma de demostrarlo, eran muescas en la cuarta vértebra del cuello. Muchos de los cortes de tejidos blandos que se pudieron documentar fueron causados por un cuchillo que produjo laceraciones en carne viva, como si la hoja fuera vieja o tuviera muescas. Los órganos internos solían quedar en su sitio; en el abdomen, Garavito produjo múltiples heridas de arma blanca pero ningún corte anatómico. La única excepción fue un niño de 10 años (asesinado en enero de 1997) que fue encontrado en circunstancias similares, pero las heridas fueron producidas por un arma blanca sin hoja (técnicamente: heridas de empalamiento). El desmembramiento de los cadáveres sólo se producía en los casos en los que había que transportar las partes del cuerpo fuera de las casas en las que se habían producido muy pocos asesinatos. En muy pocos casos, también se metían los cuerpos en bolsas y se hundían junto con piedras en el agua.

En muchas escenas del crimen se encontraron botellas vacías de la marca más barata de aguardiente local. De hecho, Garavito tenía la costumbre de abusar del alcohol, y dejaba las botellas vacías al igual que los cadáveres abiertamente en la escena del crimen.

A estas alturas, queda claro que Garavito subdividió los lugares adecuados para matar en sectores, y mataba a un niño por sector. En muchos casos, torturaba muy lentamente a los niños, que a veces eran atados de manera que pudieran seguir caminando a una distancia considerable pero sin poder escapar. La penetración anal parece ser una característica común de los casos, pero no está claro si se trataba de un acto post mortem o peri mortem.

Hasta el día de hoy, Garavito saca de su memoria mapas precisos que muestran la ubicación exacta de los cadáveres.

La mayoría de los crímenes se cometían los fines de semana o en torno a ellos, cuando la mayoría de los niños merodeaban por los mercados. Garavito intentaba alejarlos durante el día porque esto levantaba menos sospechas en cuanto a los trabajos extraños que ofrecía, así como una posible no presencia en la cena.

. . .

Antes de las confesiones de Garavito, el público todavía no aceptaba en general que un solo asesino fuera responsable de los crímenes. Por lo tanto, aunque no había ningún indicio para ello, se acusó a los sospechosos habituales como satanistas u otras organizaciones secretas. Su responsabilidad era improbable, ya que no se produjeron dos asesinatos al mismo tiempo. Al mismo tiempo, el patrón de viaje del agresor era muy irregular. Otra teoría apuntaba al supuesto comercio de órganos. Dado que se encontraron sobre todo heridas de arma blanca y que las condiciones de los escenarios del crimen -identificados por las manchas de sangre que sobresalían de las personas vivas- eran muy poco higiénicas, esta teoría se descartó rápidamente.

Garavito había sido detenido con el nombre de un político. La identificación regular de las huellas dactilares no había sido posible por razones organizativas y técnicas.

En marzo de 1999, después de que la policía comprobara los números de teléfono que se habían encontrado en la ropa del preso, los investigadores descubrieron que la identidad del preso era errónea y que en realidad era Garavito. Para entonces, Garavito llevaba tiempo en la lista de sospechosos. Ahora, uno de los familiares de

Garavito entregó un maletín (caja) que Garavtio le había regalado.

En su interior no sólo había notas crípticas, sino también fotografías de pasaporte recortadas de muchos de los niños fallecidos (eran los únicos trofeos que coleccionaba Garavito). También se encontró un calendario con más notas crípticas. Más tarde se identificó como una lista de víctimas según las fechas. Dado que Garavito recuerda todos los detalles de sus crímenes, incluidas las fechas, aún no se entiende por qué llevaba la cuenta con esa lista.

El 28 de octubre de 1999, después de varias semanas de investigaciones confirmatorias, Garavito fue expuesto por primera vez al hecho de que se conocía su identidad y que se encontraron pruebas de sus crímenes. Durante el primer interrogatorio, confesó de inmediato sus crímenes y pidió perdón a Dios y a la humanidad.

Quedó claro que, desde 1992, Garavito había matado a más de 200 niños (el recuento actual es de 300) y había cometido numerosos actos con trasfondo sexual en contra de la voluntad de los demás. Su nombre popular pasó a ser "La Bestia".

. . .

Aspectos legales: La cooperación de los diferentes organismos es difícil en un país muy extenso que sufre problemas políticos constantes y extremos, violencia masiva (especialmente entre las unidades de la guerrilla y los paramilitares) y problemas de organización.

En comparación con los países industrializados, la pedofilia está bastante extendida, sobre todo porque los niños y los jóvenes necesitan obtener algún tipo de ingreso (se considera que el 39% de los niños de Colombia viven en la pobreza). Por ejemplo, en varias ocasiones, Garavito simplemente abandonó el país y se fue a Ecuador.

Los fiscales (fiscales de distrito), junto con sus propias unidades de investigación (no es lo mismo que la policía) están autorizados a investigar en todo el país. En el caso de Garavito, esto se utilizó para encargar a la unidad de investigación local de Armenia la investigación de todos los delitos relacionados. Esto se basó en el hecho de que el principal sospechoso (Garavito) procedía de Armenia, pero también en que se habían encontrado numerosos cadáveres en esta región. Sin embargo, parece que otras unidades de investigación locales no compartieron toda su información con la policía armenia.

. . .

Legalmente, el caso contra Garavito no está cerrado porque sigue confesando los asesinatos. Hasta 2003, fue declarado técnicamente culpable 70 veces, por 160 asesinatos distintos. Como Garavito era considerado cuerdo (en el sentido de ser responsable de sus actos), no podía ser enviado a una institución psiquiátrica forense por tiempo indefinido. Por lo tanto, se le condenó a prisión preventiva en la cárcel.

Como en el sistema de sentencias colombiano se suman las condenas por cada uno de los delitos, Garavito fue condenado en realidad a unos 2.600 años de prisión. Sin embargo, esto no significa que Garavito vaya a cumplir una condena de cadena perpetua. Tras la reforma del Código Penal colombiano en 2000, una persona no puede ser condenada a muerte ni permanecer en prisión más de 40 años en total (artículo 37.1 del Código Penal). Dado que Garavito es altamente cooperativo, podría aplicarse un atenuante, incluyendo una liberación anticipada.

Garavito nunca compareció ante el tribunal. Esto se debe a una norma que se introdujo en el código penal colombiano para simplificar los casos en los que el acusado confiesa plenamente, y en los que las pruebas objetivas de sus delitos están presentes y coinciden con la confesión. En estos casos, se pueden dictar sentencias jurídicamente vinculantes de forma sucesiva y sin necesidad de un juicio formal. Además, la opinión pública ya estaba masivamente indignada, y ninguna de las partes solicitó un juicio ordinario.

Garavito se mantenía separado de los demás prisioneros porque temía que, de lo contrario, lo maten inmediatamente.

Temía ser envenenado y sólo tomaba las bebidas que le dan unas pocas personas. Sus guardias se llevaban muy bien con él, lo que se reflejaba en el hecho de que el propio Garavito se mostrara relajado y nada tímido con ellos.

El estereotipo del "asesino en serie inteligente" es cuestionado por Garavito en varios aspectos. El elevado número de víctimas se explica, por un lado, por su forma realmente inteligente de adaptarse socialmente y por los cambios de su vestimenta (excepto de sus gafas) a los entornos locales. Esto parece ser natural para él o bien entrenado. Para nosotros, no da la impresión de ser una persona que interpreta un papel ensayado. Lo único que no ha cambiado es la montura de sus gafas de plástico rojo.

· · ·

Por otro lado, el elevado número de víctimas también se debe a las estructuras caóticas y violentas de Colombia.

Por ejemplo, no levantará ninguna sospecha trabajar como vendedor ambulante con sólo comprar un carrito usado y vender algún tipo de fruta. De este modo, es muy fácil para un colombiano pasar desapercibido, especialmente en los mercados más concurridos (como hizo Garavito). Además, debido a la pobreza, los trabajos raros son atractivos para los niños víctimas.

Otra observación que podría hablar en contra de la inteligencia regular es que Garavito no puede restringir su tren de pensamientos. Salta de un tema a otro, e incluso si comienza una conversación sobre un tema que le parece interesante (accidente de avión, etc.), cambiará a otro tema sólo unos segundos, o minutos después. Debido a la ausencia total de tratamiento psicológico, no acostumbra a hablar de asuntos personales, incluso si eso ayuda a su causa. Por ejemplo, una de las primeras cosas de las que nos habló fue de un artículo de una revista de divulgación científica que le pareció muy interesante; había anotado notas junto al artículo. El artículo trataba de los niños maltratados por sus padres. Cuando le preguntamos por qué le llamaba la atención, no quiso comentar en absoluto esta cuestión y cambió de tema como si no hubiera escuchado la pregunta. Esto es notable porque la policía opina que Garavito fue maltratado de niño.

. . .

En una prueba de imagen que se realizó en 2005 (M.B.), no logró entender ni resolver los ítems del cuestionario.

Desde el punto de vista criminalístico, llama la atención que Garavito parecía ser muy cuidadoso a la hora de llevarse algún trofeo de las víctimas, salvo las fotografías recortadas de sus carnets. Al mismo tiempo, le gustaba ser fotografiado. Varias fotos le muestran como vendedor ambulante, en el interior de los apartamentos donde vivía, etc.

Viajar por trabajo es bastante normal en muchos países con problemas económicos. Por ello, Garavito no levantó sospechas viajando constantemente por todo el país. En varias ciudades, convivía con mujeres de la misma edad o mayores que Garavito y que, en ocasiones, tenían hijos. De hecho, Garavito parecía ser un padre adoptivo atento, ya que sus parejas nunca se quejaron de él ni declararon ningún tipo de abuso sobre ellas o sus hijos. Incluso mencionaron que disfrutaba jugando amistosamente con sus hijos adoptivos. Al menos en un caso, Garavito enviaba continuamente dinero a una de sus parejas durante sus viajes. Los investigadores creen que Garavito pudo haber convivido con estas mujeres de forma platónica.

. . .

El segundo estereotipo de una personalidad controladora parece ser correcto para Garavito. Trata de alcanzar sus objetivos por los métodos sociales más adecuados, es decir, ahora mediante la plena cooperación con la policía. Sin embargo, hasta ahora no ha mostrado ningún signo de verdadero arrepentimiento. Hablando con la policía, declaró su simpatía por sus víctimas. En un caso, afirmó haberse sentido apenado cuando un niño le contó sus abusos en la familia. No obstante, Garavito procedió a torturar al niño hasta la muerte.

Sus comentarios sobre la seguridad personal de los demás son ambiguos.

Por ejemplo, al principio de algunas de sus conversaciones advirtió de que no se debía de caminar solos por las calles (lo que de hecho es extremadamente peligroso en Colombia). Nos preguntamos si Garavito estaba realmente preocupado por nuestra seguridad o si quería averiguar si teníamos miedo de toda la situación, o si quería ponerse en una posición de fuerza.

Parece que, debido a su personalidad, todavía no puede controlar la situación porque no comprende del todo las intenciones de los demás. Sus continuas confesiones podrían parecerle una forma de salir antes de la cárcel pero, obviamente, la policía tiene sus propios planes para impedirlo. Cuando unos periodistas visitaron al criminal, este se quejó de que no traían regalos caros sino sólo simbólicos (camisetas, etc.). En lugar de decirlo directamente a los periodistas, escribió un informe de estilo informante para la policía en el que anotaba lo que recordaba de la conversación y cómo eran sus visitantes.

Garavito también ha dicho que quería entender la causa de sus actos. Como no habla de asuntos personales en profundidad, se le ha ofrecido comentar los crímenes de otro delincuente en serie, ya sea Jürgen Bartsch o el padre Denke. Se mostró muy interesado en conocer los casos (preguntó concretamente por el número de víctimas), pero no siguió la conversación.

En general, Garavito da la impresión de ser una persona abierta y amable. No miente constantemente, pero parece estar tenso a veces. Sin que se le preguntase, ha dicho que no continuaría con sus asesinatos fuera de la cárcel y que tenía todo resuelto en su mente.

Hace poco le diagnosticaron a Garabito leucemia. Con esta enfermedad, la Bestia ha tenido que convivir con un tipo de cáncer que afecta la sangre y tiene su origen en la médula ósea.

. . .

En medio del dolor y las molestias del cáncer, Garavito tuvo que salir de su celda para tomar como su nueva prisión el área de salud de la cárcel de máxima seguridad de La Tramacúa en Valledupar (Cesar).

Aunque hace unos años se hablaba de que Garavito estaba recluido en una celda en la que ni siquiera podía tomar el sol y que incluso le probaban la comida para evitar que se envenenara, lo cierto es que El Tiempo confirmó recientemente que continúa su tratamiento contra el cáncer en la unidad sanitaria de La Tramacúa.

Aunque este año se habló de la posibilidad de que Garavito solicitara una revisión de su condena para salir en libertad, por el momento no hay nada. Sus abogados no han presentado ninguna solicitud a las autoridades.

6

Romasanta, el licántropo

MANUEL BLANCO ROMASANTA es el primer asesino en serie documentado de España. En 1853, Romasanta admitió haber cometido trece asesinatos, alegando que no era responsable porque sufría una maldición que le convertía en lobo.

Aunque esta defensa fue rechazada en el juicio, la reina Isabel II le conmutó la pena de muerte para permitir que los médicos investigaran la afirmación como ejemplo de licantropía clínica. Romasanta ha pasado a formar parte del folclore español como el Hombre Lobo de Allariz o, menos comúnmente, como el Hombre de Sebo, llamado así por el aprovechamiento de la grasa de sus víctimas para hacer jabón de alta calidad.

· · ·

Nacido en Regueiro, provincia de Ourense, el 18 de noviembre de 1809, Manuel Blanco Romasanta se llamaba originalmente Manuela, ya que inicialmente se pensó que era mujer. Fue criado como una niña hasta los seis años, cuando un médico descubrió su verdadero sexo. Se cree que su familia era relativamente rica, ya que sabía leer y escribir, algo muy raro para la época. De mayor trabajó como sastre y, según varios relatos, era de baja estatura, midiendo entre 1,37 m y 1,49 m.

Tras la muerte de su esposa en 1833, Romasanta se convirtió en un vendedor ambulante, inicialmente en Esgos, y posteriormente en toda Galicia y Portugal. Romasanta también era conocido por actuar como guía de los viajeros que cruzaban las montañas hacia Castilla, Asturias y Cantabria, lo que le dio más oportunidades para el comercio.

En 1844, Romasanta fue acusado del asesinato de Vicente Fernández, el alguacil de León. Fernández había sido encontrado muerto tras intentar cobrar una deuda de 600 reales que Romasanta debía a un proveedor de Ponferrada por la compra de mercancías. Por no comparecer, fue juzgado en rebeldía y condenado en rebeldía a 10 años de prisión.

· · ·

Huyendo de la amenaza de prisión y con un pasaporte falso a nombre de Antonio Gómez, natural de Nogueira en Portugal, Romasanta vivió en la pequeña aldea de Rebordechao, en el distrito de Vilar de Barrio, durante al menos un año. Aunque trabajaba como cordonero y ayudaba en la cosecha, también se hizo amigo de las mujeres del pueblo y trabajó varias veces como cocinero y como tejedor haciendo hilo en una rueca, lo que hizo que los hombres del pueblo lo consideraran afeminado.

En los años siguientes, varias mujeres y niños que habían contratado a Romasanta como guía desaparecieron. Las desapariciones no se notaron inmediatamente, ya que Romasanta entregaba cartas a sus familias avisando de que habían llegado a sus destinos y se estaban instalando. Sin embargo, la sospecha se despertó cuando se observó que vendía su ropa en la localidad y se extendió el rumor de que vendía jabón hecho con grasa humana.

En 1852 se presentó una denuncia en la ciudad de Escalona en la que se afirmaba que Romasanta engañaba a mujeres y niños para que viajaran con él, que luego los mataba y que les quitaba la grasa que luego vendía. Fue detenido en septiembre de 1852, en Nombela, en la provincia de Toledo, y llevado a juicio en Allariz, en la provincia de Ourense. En su defensa, Romasanta alegó que estaba aquejado de licantropía.

En octubre de ese mismo año, los médicos de Allariz presentaron al tribunal un informe sobre Romasanta. Basado en la frenología, el informe acusaba a Romasanta de inventar su enfermedad. Aunque señalan que la licantropía puede determinarse a partir de un "examen visceral" y de la craneoscopia, los médicos no encontraron causas ni motivos para su comportamiento:

"Su inclinación al vicio es voluntaria y no forzada. El sujeto no está loco, ni es tonto, ni es monomaníaco, ni tampoco se han conseguido estas [condiciones] mientras estaba encarcelado. Por el contrario, él [Romasanta] resulta ser un pervertido, un criminal consumado capaz de todo, frío y tranquilo y sin bondad, pero [actúa] con libre albedrío, libertad y conocimiento."

A continuación, para entender la gravedad de los crímenes de Romasanta, te presentamos una lista y descripción de sus víctimas: Manuela García, de 47 años, y su hija Petra, de 15, asesinadas en la Sierra de San Mamede cuando viajaban a Santander. Benita García Blanco, de 34 años, y su hijo Francisco, de 10, asesinados en Corgo de Boi cuando viajaban a Rua cantabras.

Antonia tierra, de 37 años, y su hija Peregrina, asesinadas cuando viajaban a Ourense.

Josefa García y su hijo José Pazos, de 21 años. Y, por último, María Dolores, de 12 años.

Cuando Romasanta fue llevada a juicio, Galicia se encontraba en medio de una de las peores hambrunas de las varias que habían asolado Galicia a lo largo del siglo XIX. La hambruna provocó migraciones masivas y un notable aumento de la locura. Romasanta se convirtió en objeto de un juicio histórico: la causa número 1778 "El Hombre Lobo" del tomo 36 de los tribunales de Allariz. El litigio, basado en una denuncia de licantropía, no se ha vuelto a repetir en la historia del derecho español.

Romasanta admitió 13 asesinatos explicando que había sido maldecido y que los había cometido tras transformarse en lobo:
"La primera vez que me transformé, fue en las montañas de Couso. Me encontré con dos lobos de

aspecto feroz. De repente me caí al suelo y empecé a sentir convulsiones, di tres vueltas y unos segundos después yo mismo era un lobo. Estuve merodeando con los otros dos durante cinco días, hasta que volví a mi propio cuerpo, el que hoy ve ante usted, Señoría. Los otros dos lobos que vinieron conmigo, que yo creía que también eran lobos, cambiaron a forma humana. Eran de Valencia. Uno se llamaba Antonio y el otro Don Genaro.

Ellos también estaban malditos... atacamos y nos comimos a varias personas porque teníamos hambre".

El fiscal, Luciano Bastida Hernáez, pidió a Romasanta que demostrara la transformación para el tribunal a lo que éste respondió que la maldición sólo duraba trece años y que ahora estaba curado ya que ese tiempo había expirado la semana anterior.

El tribunal absolvió a Romasanta de cuatro de los asesinatos que había confesado después de que las pruebas forenses indicaran que esas víctimas habían muerto en verdaderos ataques de lobos. Fue declarado culpable de los otros nueve, cuyos restos presentaban signos de carnicería.

· · ·

El 6 de abril de 1853 Romasanta fue condenado a muerte por garrote con una indemnización de 1000 reales por cada víctima. El proceso judicial había durado siete meses y la transcripción abarcaba más de dos mil páginas que se encuadernaban en cinco volúmenes titulados "Licantropía".

El caso fue enviado para su ratificación a la Audiencia Territorial de La Coruña que, tras estudiar el caso durante siete meses, redujo la condena a cadena perpetua. La fiscalía recurrió la reducción y fijó una nueva vista para marzo de 1854, que confirmó el veredicto original del tribunal de Allariz: muerte por garrote.

Caso curioso es que el juicio significó efectos positivos para algunos. Luciano Bastida, el fiscal, adquirió gran fama y prestigio por su procesamiento de Romasanta y fue nombrado Caballero de la Real y Distinguida Orden de Carlos III de España, la más distinguida condecoración civil que se puede conceder, y fue nombrado miembro del Tribunal Supremo. Bastida falleció en Ponferrada en 1872 a los 60 años de edad y es considerado uno de los "hijos más ilustres" de la provincia de La Rioja por su trayectoria jurídica. El 8 de enero de 2012 se celebró en La Rioja el bicentenario de su nacimiento.

· · ·

Por otro lado, desde otro país, "Mr. Phillips", un hipnotizador francés residente en Londres había seguido el caso del "Hombre Lobo de Allariz" a través de las informaciones de los periódicos franceses. Phillips escribió a José de Castro y Orozco, Ministro de Justicia español, afirmando que Romasanta sufría una monomanía conocida como licantropía y que no era responsable de sus actos.

Afirmaba que había tratado con éxito la enfermedad mediante hipnosis y pedía que se pospusiera la ejecución para poder estudiar el caso.

El Ministro de Justicia escribió a la Reina Isabel II, que conmutó personalmente la pena de muerte por la de cadena perpetua por Real Orden de 13 de mayo de 1854 y Romasanta fue trasladado a una cárcel de Celanova.

Aunque no hay pruebas documentales de la identidad del Sr. Phillips, se cree que era el médico francés Joseph-Pierre Durand de Gros, que se había exiliado en Gran Bretaña y que posteriormente regresó a Francia utilizando el seudónimo del Dr. Phillips. Durand de Gros fue una parte importante del movimiento que llevó a la incorporación y asimilación del "braidismo" (es decir, el hipnotismo à la James Braid) en Francia y sus trabajos sobre la influencia de la mente fueron desarrollados posteriormente por Sigmund Freud y Carl Jung. El juicio del hombre lobo tuvo lugar al principio de la edad de oro del hipnotismo.

La prisión de Celanova y sus registros ya no existen, pero se cree que Romasanta murió a los pocos meses de llegar.

Los lugareños dicen que fue por enfermedad, pero también se rumorea que murió tras recibir un disparo de un guardia que quería verlo transformarse.

Sin embargo, un documental de la TV emitido el 30 de mayo de 2009 investigó la posibilidad de que hubiera muerto en otro lugar, sugiriendo que había fallecido en el Castillo de San Antón, en La Coruña.

En octubre de 2011 se celebraron en Allariz unas "Xornadas Manuel Blanco Romasanta" (simposio y exposición de recuerdos de Romasanta) en las que los investigadores gallegos Félix y Cástor Castro Vicente presentaron pruebas de que Romasanta había muerto en la cárcel de Ceuta el 14 de diciembre de 1863. Las pruebas consistían en dos artículos de periódico, La Iberia un diario liberal del 23 de diciembre de 1863 que incluía una breve frase informando de que Romasanta había muerto y el periódico La Esperanza del 21 de diciembre de 1863 que informaba en su portada:

"En la cárcel de Ceuta, el desgraciadamente célebre Manuel Blanco Romasanta, conocido en toda España como el hombre lobo a consecuencia de sus atrocidades y fechorías y que fue condenado a prisión por la Audiencia de La Coruña, falleció en aquel lugar el día 14 de este mes siendo víctima de un cáncer de estómago."

Es interesante que en el territorio español ya había una tradición alrededor de los hombres lobo.

La tradición gallega sostiene que el séptimo hijo de una familia puede ser normal o "lobishome" (hombre lobo). Si es normal, el niño tendrá la imagen de una cruz o la rueda de Santa Catalina dentro de la boca, mientras que un hombre lobo no. Una persona se convertirá en hombre lobo despojándose de sus ropas y saliendo de su casa cada viernes a medianoche. A continuación, visitará siete pueblos, vistiéndose con una piel en cada uno de ellos. Se le puede obligar a volver a su forma humana haciéndole sangrar o quemando una de las pieles que lleva. Se puede evitar que se convierta en hombre lobo haciendo que uno de sus hermanos apadrine al niño para su bautismo y confirmación. Si ninguno de los hermanos del hombre lobo es elegible para ser padrino (debe ser mayor de 16 años y haber tomado la confirmación) entonces bautizar al niño con el nombre de "Bieito" también evitará la transformación.

Pero, obviamente, la mitología alrededor de los hombres lobo se remonta mucho más atrás en el tiempo. El hombre lobo es un animal mitológico y objeto de muchas historias en todo el mundo, y de más de una pesadilla.

Los hombres lobo son, según algunas leyendas, personas que se transforman en lobos feroces y poderosos. Otros son una combinación mutante de humano y lobo. Pero todos son bestias sedientas de sangre que no pueden controlar su ansia de matar personas y animales.

Las primeras leyendas de los hombres lobo: No está claro cuándo y dónde se originó la leyenda del hombre lobo. Algunos estudiosos creen que el hombre lobo debutó en La Epopeya de Gilgamesh, la prosa occidental más antigua que se conoce, cuando Gilgamesh dejó plantada a una posible amante porque había convertido a su anterior pareja en un lobo.

. . .

Los hombres lobo hicieron otra aparición temprana en la mitología griega con la Leyenda de Licaón. Según la leyenda, Licaón, hijo de Pelasgo, enfureció al dios Zeus cuando le sirvió una comida hecha con los restos de un niño sacrificado. Como castigo, el enfurecido Zeus convirtió a Licaón y a sus hijos en lobos.

Los hombres lobo también aparecieron en el folclore nórdico temprano. La Saga de los Volsung cuenta la historia de un padre y un hijo que descubrieron pieles de lobo que tenían el poder de convertir a las personas en lobos durante diez días. El dúo padre-hijo se puso las pieles, se transformó en lobo y se lanzó a matar en el bosque. El ataque del padre a su hijo terminó con una herida mortal. El hijo sólo sobrevivió porque un amable cuervo le dio al padre una hoja con poderes curativos.

Además de Romasanta, ha habido otros afamados licántropos en la historia de la humanidad.
Muchos de los llamados hombres lobo de hace siglos eran en realidad asesinos en serie, y Francia tuvo su parte.

En 1521, los franceses Pierre Burgot y Michel Verdun supuestamente juraron lealtad al diablo y afirmaron tener un ungüento que los convertía en lobos. Tras confesar que habían asesinado brutalmente a varios niños, ambos murieron quemados en la hoguera. (Se creía que la quema era una de las pocas formas de matar a un hombre lobo).

Giles Garnier, conocido como el "Hombre Lobo de Dole", fue otro francés del siglo XVI cuyo reclamo a la fama fue también un ungüento con capacidad de transformarse en lobo. Según la leyenda, como lobo mataba con saña a los niños y se los comía. También él murió en la hoguera por sus monstruosos crímenes.

Se discute si Burgot, Verdun o Garnier eran enfermos mentales, si actuaban bajo la influencia de una sustancia alucinógena o si simplemente eran asesinos a sangre fría.

Pero probablemente no importaba a los supersticiosos europeos del siglo XVI. Para ellos, crímenes tan atroces sólo podían ser cometidos por una bestia horrible como el hombre lobo.

El hombre lobo de Bedburg: Peter Stubbe, un acaudalado granjero del siglo XV de Bedburg (Alemania), puede ser el hombre lobo más famoso de todos. Según el folclore, se convertía en una criatura parecida al lobo por la noche y devoraba a muchos ciudadanos de Bedburg.

. . .

Peter fue culpado de los espantosos asesinatos tras ser acorralado por cazadores que afirmaron haberle visto cambiar de forma de lobo a humana. Fue ejecutado de forma espeluznante tras confesar bajo tortura que había matado salvajemente a animales, hombres, mujeres y niños, y que se había comido sus restos. También declaró que poseía un cinturón encantado que le daba el poder de transformarse en lobo a voluntad. Como es lógico, el cinturón nunca se encontró.

La culpabilidad de Peter es controvertida, ya que algunos creen que no fue un asesino, sino la víctima de una caza de brujas política, o quizás de una caza de hombres lobo.

En cualquier caso, las circunstancias que rodearon su vida y su muerte avivaron el temor de que los hombres lobo anduvieran sueltos.

La transformación en hombre lobo: Algunas leyendas sostienen que los hombres lobo cambian de forma a voluntad debido a una maldición. Otras afirman que se transformaban con la ayuda de una faja encantada o una capa hecha de piel de lobo. Otros afirman que las personas se convierten en lobos tras ser arañados o mordidos por un hombre lobo.

En muchas historias de hombres lobo, una persona sólo se convierte en lobo cuando hay luna llena, y esa teoría puede no ser descabellada. Según un estudio realizado en el hospital australiano Calvary Mater Newcastle, la luna llena saca la "bestia" de muchos humanos. El estudio descubrió que de los 91 incidentes de comportamiento violento y agudo ocurridos en el hospital entre agosto de 2008 y julio de 2009, el 23% se produjo durante la luna llena.

Los pacientes atacaban al personal y mostraban comportamientos similares a los de los lobos, como morder, escupir y arañar. Aunque muchos estaban bajo la influencia de las drogas o el alcohol en ese momento, no está claro por qué se volvieron intensamente violentos cuando había luna llena.

El fenómeno de los hombres lobo puede tener una explicación médica. Por ejemplo, Peter el Niño Salvaje.

. . .

En 1725, fue encontrado vagando desnudo a cuatro patas por un bosque alemán. Muchos pensaron que era un hombre lobo o, al menos, que había sido criado por lobos.

Peter comía con las manos y no podía hablar. Finalmente fue adoptado por las cortes de los reyes Jorge I y Jorge II, y vivió sus días como "mascota" en Inglaterra.

Las investigaciones han demostrado que Peter probablemente padecía el síndrome de Pitt-Hopkins, una enfermedad descubierta en 1978 que provoca falta de habla, convulsiones, rasgos faciales distintivos, dificultad para respirar y dificultades intelectuales.

Otras condiciones médicas que pueden haber fomentado la manía por los hombres lobo a lo largo de la historia son:

- La licantropía (una rara condición psicológica que hace que la gente crea que se está transformando en un lobo u otro animal).
- Intoxicación alimentaria.
- Hipertricosis (un raro trastorno genético que provoca un crecimiento excesivo del pelo).

- Rabia.
- Alucinaciones, posiblemente causadas por hierbas alucinógenas

Con el movimiento cultural asociado al Siglo de las Luces, la licantropía se aceptó como una condición médica real. Se propusieron varias causas de la afección, como la sífilis, la rabia, la porfiria, la epilepsia y el envenenamiento por belladonna. A mediados del siglo XIX los diagnósticos psiquiátricos de licantropía clínica se convirtieron en la norma con explicaciones psicopatológicas para la licantropía.

Según el censo de 1860, la provincia de Ourense era predominantemente una provincia agrícola rural. No había hospitales psiquiátricos hasta la apertura del manicomio de Conxo en 1885 y los locos de Galicia eran enviados a un hospital de Valladolid. En Galicia no había ningún médico psiquiatra y los únicos que intervinieron en el caso del "hombre lobo de Allariz" fueron los médicos del pueblo de Allariz.

Se cree que el juicio de Romasanta es el origen de la historia de los hombres "siniestros" con bandolera (Sacauntos), que vagaban por el campo asesinando a los niños por su grasa, una historia utilizada frecuentemente para asustar a los niños de provincias en el siglo XIX y principios del XX. Se creía que la grasa humana curaba las enfermedades y también se pensaba que era un lubricante superior a las grasas animales.

El mito se generalizó en España con la difusión del ferrocarril. Romasanta fue la primera de varias personas acusadas de vender grasa humana en el siglo XIX.

Desde principios de la década de 1990, el caso ha sido objeto de muchos estudios por parte de psiquiatras que ven el caso como una oportunidad perdida para legitimar la psiquiatría en la España del siglo XIX. La psiquiatría en aquella época era generalmente ignorada, siendo el público y los jueces quienes determinaban si un acusado sufría un trastorno mental. Se reconoce que Romasanta no era un psicótico, sino que sufría un trastorno de la personalidad, probablemente un trastorno antisocial de la personalidad.

El caso de Romasanta, como otros asesinos seriales, también ha inspirado productos culturales. "El bosque del lobo" es una película dramática española de 1968 producida y dirigida por Pedro Olea y protagonizada por José Luis López Vázquez. La película está basada en la novela "El bosque de Ancines" de Carlos Martínez-Barbeito, que a su vez se basó en el caso judicial del Hombre Lobo de Allariz.

Por otro lado, "Romasanta" es una película de terror hispano-inglesa de 2004 producida por Fantastic Factory, dirigida por Paco Plaza y protagonizada por Julian Sands, Elsa Pataky y John Sharian. La película está basada en un guión de Alfredo Conde, descendiente de uno de los médicos implicados en el caso original del Hombre Lobo de Allariz. Conde escribió posteriormente la novela de ficción "Memorias inciertas de un hombre lobo gallego: Romasanta."

A lo largo de los siglos, la gente ha recurrido a los hombres lobo y a otras bestias míticas para explicar lo inexplicable. Sin embargo, en los tiempos modernos, la mayoría cree que los hombres lobo no son más que iconos de terror de la cultura pop, que se hicieron famosos gracias a la película de Hollywood de 1941, El hombre lobo.

Aun así, los hombres lobo son objeto de culto, cada año se registran avistamientos de hombres lobo, y las leyendas de hombres lobo probablemente seguirán rondando los sueños de personas de todo el mundo.

7

Jack el destripador, un misterio sin resolver

Es de noche y una mujer camina sola por una calle oscura. De entre la niebla, una figura envuelta se acerca a ella. Ella oye unos pasos suaves y se gira para enfrentarse a él. Las manos del atacante se cierran en torno a su cuello, asfixiándola hasta dejarla inconsciente. A continuación, se agacha sobre ella y saca una cuchilla de 30 centímetros. Minutos después, la policía la descubre muerta.

Este es el trabajo de Jack el Destripador.

Los asesinatos de Jack el Destripador son conocidos en todo el mundo por ser uno de los asesinatos en serie sin resolver más famosos de la historia.

. . .

Al menos cinco mujeres encontraron su fin a manos de este hombre desconocido, y algunos creen que el número puede llegar a 11.

¿Cómo empezó la historia? Mary Ann Nichols era una prostituta que trabajaba en la zona de Whitechapel de Londres en 1888. A las 3.40 de la madrugada del 31 de agosto fue encontrada muerta en la esquina de Bucks Row con profundos cortes en la garganta y el abdomen brutalmente abierto. Este es el primero de los cinco asesinatos que se produjeron a lo largo de tres meses, de agosto a noviembre de 1888. Los asesinatos fueron los de Mary Ann Nichols, Annie Chapman, Elizabeth Stride, Catherine Eddowes y Mary Jane Kelly. Todas las víctimas eran prostitutas de la zona de Whitechapel y casi todas mostraron el mismo método de asesinato.

Una de las cosas más extrañas de los asesinatos fue que a cada cuerpo le faltaban órganos vitales cuando la policía encontró a la víctima. Estos cinco asesinatos se conocen comúnmente como los "Cinco Canónicos".

. . .

Si bien es cierto que a lo largo del tiempo se han nombrado cinco víctimas "oficiales" de Jack el Destripador, hay que mencionar que se le han atribuido un total de trece.

Todas ellas eran prostitutas que vendían sus cuerpos a los marineros que llegaban a East End (como se conocía a la zona donde se ubicaba Whitechapel), a cambio de unos pocos centavos que les proporcionaran un techo para dormir en alguna pensión de mala muerte, y a ser posible, una barra de pan duro que llevarse a la boca, para evitar pasar las noches durmiendo a la intemperie o vagando de nuevo por las calles, como ya les había ocurrido a muchas.

Veamos los nombres y fechas de las muertes de las llamadas "víctimas canónicas":

- Mary Ann Nichols (más conocida como "Polly" Nichols): asesinada el 31 de agosto, aproximadamente entre las 2 y las 3:40 de la madrugada.
- Annie Chapman : 8 de septiembre, alrededor de las 4:20 de la mañana.

- Elizabeth Stride : el 30 de septiembre, entre las 00:45 y la 1:07 de la mañana.
- Catherine Eddowes : también el 30 de septiembre, entre la 1:30 y la 1:45 de la mañana.
- Mary Jane Kelly : el 9 de noviembre, entre las 2 y las 3 de la mañana.

Cuatro de los cuerpos fueron encontrados tirados en la calle, excepto el de Mary Jane Kelly (la última de las cinco, que estaba en una pequeña habitación alquilada que daba a la calle). Sus gargantas habían sido cortadas de izquierda a derecha mediante un violento corte que en algunos casos llegaba a la columna vertebral y que había sido realizado con algún tipo de bisturí o machete muy afilado.

A todas les habían hecho incisiones en la cavidad abdominal, excepto a Elizabeth Stride (la cuarta asesinada, a la que apodaban mordazmente "Lucky Liz"), e incluso le habían desparramado los intestinos, el hígado y hasta el útero.

. . .

Mary Jane Kelly sufrió amputaciones por todo el cuerpo: además de extirparle la nariz, las orejas y los pechos, Jack dejó un jirón de carne que no se parecía en nada a lo que se decía que era la bella y cándida joven.

Debido al resguardo que ofrecía el lugar donde se encontró su cuerpo frente a posibles curiosos que pasaran por la zona, los expertos sugieren que Jack pudo dar rienda suelta a sus impulsos más sádicos y crueles entre esas cuatro paredes, ya que el estado en el que quedó el cuerpo no se había visto en ninguna de las otras prostitutas.

Desde los asesinatos de 1888 nadie ha conseguido identificar al culpable, aunque se ha nombrado a muchas personas como sospechosas. El problema al que se enfrentó la policía fue que en aquella época había muy pocos medios para investigar la escena del crimen. A menos que el atacante dejara un objeto personal en el lugar del crimen que pudiera ser rastreado hasta él, o si alguien pudiera dar una descripción detallada del mismo, la policía tenía muy pocas posibilidades de encontrar a la persona correcta.

El Destripador también parecía saberlo. Planeó sus ataques para que tuvieran lugar de noche y lejos de cualquier mirada indiscreta. Esta es probablemente una de las razones por las que eligió atacar a las prostitutas. A finales de la época victoriana, la prostitución era ilegal y las personas que se vendían tenían que comportarse con discreción. Cualquier cliente era conducido a una zona tranquila de la ciudad donde la mujer sabía que no sería interrumpida por la policía. Pero estos lugares tranquilos eran también un escenario perfecto para los asesinatos.

¿Por qué se le llamó "Jack el Destripador"? Este nombre surgió gracias a los periódicos. Esta fue la primera historia de asesinato importante que tuvo un atractivo internacional, por lo que los periodistas intentaban todo para dar a conocer al público.

Un periodista sin escrúpulos escribió en un periódico haciéndose pasar por el asesino y firmó la carta como Jack el Destripador. El nombre se puso de moda por la exactitud del nombre con los detalles sangrientos de los asesinatos.

Aunque más tarde se descubrió que la carta era falsa, el mundo se apoderó del sensacional nombre que la prensa había dado al asesino.

. . .

El misterio del caso del Destripador nunca se ha resuelto. Incluso hoy en día la gente sigue fascinada por él. Por eso, en 1986, el FBI creó un detallado perfil psicológico de Jack el Destripador para ver si podían encontrar al culpable buscando en los registros de la época.

El perfil tenía en cuenta las situaciones geográficas, los motivos, los conocimientos necesarios, cualquier requisito fisiológico previo y los posibles atributos psicológicos. Una vez que el molde había sido moldeado, todo lo que se necesitaba era buscar en las notas e informes de los casos para ver si alguien de quien se sospechaba encajaba en el perfil.

Alguien lo hacía. A lo largo de los años ha habido muchas teorías diferentes sobre quién era Jack el Destripador. Algunos afirman que fue un agente funerario de Whitechapel, llamado Robert Mann, quien examinó los cuerpos después de haberlos encontrado. Una de las teorías más extravagantes es que fue el famoso novelista Lewis Carroll (autor de Alicia en el País de las Maravillas) por hacer anagramas de Jack el Destripador en sus libros.

También hay quien cree que el duque de Clarence (nieto de la reina Victoria) tuvo algo que ver. Se rumorea que el príncipe Alberto Víctor tuvo un hijo con una mujer que vivía en Whitechapel. La creencia es que la familia real y el gobierno intentaron eliminar cualquier prueba del niño matándolo a él y a cualquiera que lo supiera.

El sospechoso más probable del caso del Destripador era un joven americano que llegó a Inglaterra en 1888. Francis Tumblety llegó a Inglaterra dos meses antes de que ocurriera el primer asesinato canónico. Y si lo comparamos con el perfil, vemos que coincide casi a la perfección.

Tumblety se alojaba cerca de Whitechapel, por lo que tenía conocimientos locales. Se formó como asistente médico, por lo que tenía las habilidades necesarias para encontrar órganos y extraerlos rápidamente.

Abandonó a su esposa cuando descubrió que era una prostituta y se cree que albergaba un odio hacia las mujeres. Esto le dio un motivo para los ataques.

Algunos otros de los sospechosos que han optado por el título de "Jack el Destripador" son:

. . .

Walter Kosminski. Cosas a favor : Varios hallazgos realizados en septiembre de 2014 atribuyen a este judío polaco la autoría de los hechos. Se sabe que era un maníaco sexual que merodeaba por la zona. Según el investigador Russell Edwards, un chal ensangrentado perteneciente a Catherine Edowes contenía el ADN mitocondrial de Kosminski.

En contra : Las razones por las que se podría descartar como sospechoso es que se trata de un chal que no parece propio de una mujer que tiene una vida casi empobrecida, además de que las pruebas que puede aportar este tipo de ADN no apuntan a un único culpable. Además, como el chal tiene más de 130 años de antigüedad, es una prueba contaminada, por lo que los resultados nunca serán contundentes.

El príncipe Alberto Víctor Eduardo: El duque de Clarence o Eddy, nieto de la reina Victoria y futuro heredero de la Corona.

A favor: En 1970, un tal doctor Stowell declaró a un escritor de la época que hace cuarenta años se puso en contacto con Caroline Acland, hija del médico personal de la Casa Real, Sir William Gull (que también se considera uno de los sospechosos más plausibles). Según sus declaraciones, su padre había encontrado una serie de pergaminos y manuscritos en los que se afirmaba que el Príncipe había muerto en 1892 de una enfermedad venérea, concretamente de sífilis, y no de una epidemia de gripe como se informó oficialmente. Se decía que su lujuria y depravación sexual le llevaron a querer explorar las tierras de lo macabro.

En contra: Desgraciadamente para los que creían haber desenmascarado al asesino, se sabe que la mañana siguiente a uno de los crímenes, el heredero estaba de viaje en Escocia.

Sir William Gull y la masonería: médico personal de la familia real británica.

A favor: La teoría de la Conspiración Real sostiene que el Príncipe Eduardo tuvo un romance con una joven prostituta llamada Annie Crook.

Fue Walter Sickert (otro sospechoso) quien los presentó, sin revelarle a ella la identidad de Eddy. Ambos acabarían casándose y teniendo una hija en secreto. Para intentar tapar este escándalo que pondría patas arriba la Corona y dejaría en entredicho a su heredero, la reina

Victoria hizo encerrar a Annie en un hospital psiquiátrico para que le hicieran una lobotomía y no pudiera divulgar nada de lo sucedido. Fue el propio Gull quien la llevó a cabo. La niña quedó al cuidado de Mary Jane Kelly, amiga personal de la madre, que intentó una burda operación de chantaje contra la Corona junto con sus cuatro amigos. Por ello, la reina Victoria encargó al señor Gull (que era miembro activo de la masonería) que los eliminara. Hace años, él había sufrido una embolia que le dejó secuelas en forma de alucinaciones.

Según cuentan los defensores de esta conjetura, Gull viajaba en un carro de caballos conducido por un cochero que debía engañar a las desafortunadas víctimas para que subieran. Una vez dentro del carro, Gull hacía el resto. La segunda tarea del cochero era la huida inmediata del lugar. Otros dos albañiles (los inspectores Warren y Macnaghten) tenían la misión de encubrir la identidad del doctor para que pudiera completar su misión y eliminar las pruebas que pudiera dejar.

En contra: A pesar de las tentadoras pruebas (algunos ven indicios de rituales masónicos en los asesinatos, como el hecho de que los degüellos se realizaron de izquierda a derecha), parece que Sir William debe ser descartado como el hombre detrás de "Jack el Destripador", ya que hubo mucha manipulación de pruebas y fechas, por no hablar de la inclusión y exclusión de personajes en los hechos.

Walter Sickert: Famoso pintor polaco de origen judío.

A favor: Según el libro de Patricia Cornwell " Retrato de un asesino: Jack el Destripador. Caso cerrado ", se puede llegar a la conclusión de que este hombre es el único asesino de Whitechapel . Una infancia difícil debido a la amputación casi total de su miembro viril por una malformación que imposibilitaba el acto sexual, muestras de ADN encontradas en las cartas desafiantes recibidas por los periódicos y la comisaría de Scotland Yard, junto con pistas sobre los escenarios de los crímenes encontradas en sus cuadros y que sólo los investigadores conocían, son algunos de los argumentos de quienes están a favor de su culpabilidad.

En contra: Quienes lo cuestionan aluden a la baja especificidad del ADN mitocondrial como prueba irrefutable, además de dudar del criterio de quienes ven en los cuadros de Sickert pruebas de los asesinatos.

. . .

Hacia un esquema de la psicología de Jack el Destripador: El famoso ex agente del FBI y criminólogo Robert K. Ressler, habla en su libro "Serial Killers" (2005) del tipo de asesinos desorganizados:

"Una escena del crimen desorganizada refleja la confusión que reina en la mente del asesino y presenta rasgos de espontaneidad y algunos elementos simbólicos que reflejan sus delirios. Si se encuentra el cuerpo (...), probablemente tendrá heridas terribles. (...) La escena del crimen es también la escena de la muerte, porque el delincuente no posee la suficiente claridad mental para mover u ocultar el cuerpo".

Esto se corresponde casi totalmente con el perfil de Jack, sea quien sea, ya que ninguno de los escenarios que dejó sugiere un patrón de organización (más allá de la victimología o los instrumentos utilizados).

Sobre el origen social de Jack el destripador: En su otro libro, " Inside the Monster: An Attempt to Understand Serial Killers " (2010), menciona que el miedo que causó este asesino en su época se debe a que fue uno de los primeros en elegir víctimas desconocidas, con las que aparentemente no tenía vínculos afectivos ni familiares.

. . .

En su momento, "(...) los componentes emocionales de la violencia dentro de la familia eran comprensibles, y sugirió que las investigaciones de este caso llevaron a conclusiones erróneas debido a esta incapacidad de entender la violencia contra los desconocidos". Tras una visita personal al lugar de los hechos, dictaminó que la policía se equivocó al buscar "individuos de clase alta".

Según sus investigaciones, se trataba de alguien de la misma clase social que las prostitutas , debido a los lugares que frecuentaban y a las circunstancias que rodeaban los crímenes. Si hubiera sido alguien de alto estatus, su presencia en la zona no habría pasado desapercibida para los vecinos.

También, al igual que en su anterior publicación, sostiene que "Jack el Destripador" fue un asesino desorganizado, debido al crescendo de la violencia con la que cometió sus muertes. Si hubiera llegado al cenit de su perturbación mental, seguramente habría sido incapaz de seguir cometiendo tales actos, por lo que "acabaría suicidándose o siendo encerrado en un manicomio". En cualquier caso, habría desaparecido de la sociedad.

. . .

Por último, añade el componente sexual en los asesinatos, a pesar de la ausencia de relaciones sexuales pre o postmortem.

Como escribió, "(...) el ataque con cuchillo al cuerpo sustituyó al ataque con el pene". El mismo autor acuñó el término "necrofilia regresiva" para referirse a esta "práctica de recurrir a tales sustitutos del pene".

Y continúa: "En la mayoría de los asesinatos en serie, el arma elegida ha sido el cuchillo, seguido del método de estrangulación y, en tercer lugar, la asfixia. Los asesinos en serie no suelen utilizar armas de fuego, ya que matan a distancia y buscan la satisfacción personal de matar con sus propias manos".

Otra prueba a favor de un componente sexual es la extirpación del útero que se encontró en algunos de los cuerpos. A Mary Jane Kelly también se le extirparon los dos pechos, en uno de los cuales se colocaron las orejas y la nariz, a modo de decoración grotesca.

Lamentablemente, todos los que tenían pruebas de quién era Jack el Destripador ya están muertos. Y dado que los asesinatos se produjeron hace más de 130 años, la mayoría de las pruebas están ahora tan contaminadas que no pueden aportar mucha información. Pero además, con todos los sospechosos potenciales ahora muertos, conseguir una confesión del verdadero Destripador es ahora imposible.

Como resultado de esto, es casi seguro que nunca se conocerá la verdadera identidad de Jack el Destripador.

Después de 127 años, el caso de "Jack el Destripador" sigue generando prensa. Este infame asesino se ha convertido en un icono de la cultura popular y sus crímenes han dado lugar a numerosas novelas y películas en las que se plantean diversas hipótesis.

Para bien o para mal, hoy en día se sigue hablando de este personaje, y seguro que en el futuro surgirán nuevas pruebas que reforzarán las hipótesis aquí descritas o que darán a conocer otros posibles culpables de estas masacres.

8

José Luis Calva Zepeda, el poeta caníbal

En octubre de 2007, las autoridades de México sospecharon que un hombre había asesinado a su novia. Al llegar a la casa del hombre, encontraron:

- El sospechoso comiendo cómodamente una comida que contenía carne humana.
- El cuerpo desmembrado de una mujer muerta en un armario.
- Una pierna y un brazo de la mujer desaparecidos.
- Las partes del cuerpo de la mujer muerta que faltaban en la nevera.
- Una sartén que contenía trozos de carne humana en la estufa.
- Huesos humanos en una caja de cereales.

Las autoridades detuvieron inmediatamente al sospechoso, José Luis Calva Zepeda, conocido popularmente como el poeta caníbal.

Zepeda nació el 20 de junio de 1969 en Ciudad de México, México. Perdió a su padre cuando tenía dos años. Zepeda creció al cuidado de su madre junto con sus tres hermanos en Ciudad de México. A los siete años, Zepeda fue violado. Y a los doce, Zepeda fue expulsado de su casa por su madre. Su madre era una mujer físicamente abusiva.

Zepeda empezó a trabajar como payaso junto a su cuñado, que era mago. Se interesó por la escritura y la poesía. También, al mismo tiempo que empezó a trabajar, Zepeda se convirtió en un alcohólico.

En 1996, se casó con su primera esposa, Aide. La pareja tuvo dos hijas. Pero, se separaron después de dos años, y su esposa se mudó a Estados Unidos. Zepeda cayó después en una profunda depresión y aumentó su dosis de alcohol y drogas. Zepeda se casó entonces con su segunda esposa, Lydia Sánchez Valdez. Valdez describió cómo

Zepeda estaba obsesionado con la brujería, la limpieza y con lavarse mucho.

Además, Zepeda abusaba verbal y mentalmente de Valdez. Amenazó con suicidarse si ella lo dejaba. Pero, Valdez lo dejó.

Después de otra relación infructuosa, Zepeda se dedicó a escribir poesía, novelas y obras de teatro. No tuvo mucho éxito, pero lo disfrutó. Más tarde conoció a una mujer que trabajaba en una farmacia, Alejandra Galeana. Ya que Zepeda era celoso, controlador y mentiroso, Galeana se separó de él. Ella aceptó un trabajo en otra ciudad. Esto no le pareció a Zepeda.

El 5 de octubre de 2007, Galeana no se presentó en el trabajo. La policía interrogó a su madre. La madre de Galeana señaló a Zepeda como sospechoso. Las autoridades visitaron a Zepeda. Lo encontraron comiendo una comida de carne humana sazonada con limón.

En el armario de Zepeda, los investigadores encontraron el cuerpo desmembrado de una mujer que identificaron como Galeana. A Galeana le faltaba el antebrazo derecho y parte de la pierna.

En la nevera de Zepeda, los investigadores encontraron las partes del cuerpo de Galeana que faltaban.

También encontraron huesos humanos fritos dentro de una caja de copos de maíz. En la cocina, las autoridades encontraron una sartén con trozos de carne humana y rodajas de limón.

Zepeda intentó escapar, pero fue detenido. Confesó haber asfixiado a Galeana hasta la muerte por accidente. Sin embargo, negó haberse comido las partes de su cuerpo.

Sin embargo, los investigadores encontraron un manuscrito en el que Zepeda estaba trabajando con el título "Instintos caníbales". La portada de la novela contenía una imagen de Hannibal Lecter, que había sido editada para parecerse a Zepeda.

Los investigadores también descubrieron que Zepeda era adicto al clonazepam, la cocaína y el alcohol. La mezcla de estas sustancias provocaba que la persona fuera violenta.

Un testigo, cuyo nombre no fue revelado, dijo a los fiscales que a Calva le fascinaban la pornografía animal, la brujería y la novela explícita y sádica "120 días de Sodoma".

Calva mantenía sus hábitos de cocaína y alcohol obligando a otra novia a vender en las calles de la ciudad copias hechas a mano de sus novelas y poemas por un dólar cada una, dijeron los fiscales.

La novia que sobrevivió, cuyo nombre tampoco se dio a conocer para su protección, dijo a la policía que Calva fue inicialmente encantador, ganándose su confianza con la poesía. Pero pronto se volvió celoso, controlador y obsesivo, y una vez intentó suicidarse, dijo la mujer.

La fiscalía dijo que Calva podría haber matado a otras dos mujeres cuyos cuerpos desmembrados se encontraron metidos en cajas de cartón y maletas en Ciudad de México en 2004 y 2007. Al igual que Galeana, ambas fueron estranguladas.

. . .

A uno de esos cadáveres, encontrado en abril, le faltaban las manos y los pies, según los fiscales.

El otro cuerpo, encontrado en 2004, era el de la ex novia de Calva, Verónica Martín

Zepeda se negó a declararse culpable e inocente mientras estaba en prisión.
El 11 de diciembre de 2007, Zepeda fue encontrado muerto en su celda, colgado de un cinturón. Los investigadores sospechan que sus compañeros de prisión lo mataron. Su cuerpo mostraba que había sido torturado y violado antes de morir.

Zepeda negó haberse comido a sus víctimas. Pero en su libro caníbal, mencionó que se comía a su víctima. Se cree que hay hasta diez víctimas vinculadas a Zepeda. Pero, no hay pruebas suficientes porque murió en el proceso de las investigaciones.

No parecía tener tendencias suicidas", dijo el abogado Moisés Humberto Guerrero Calderón, miembro de su equipo de defensa. "Estaba muy entusiasmado con la idea (del libro). Eso era en cierto modo lo que le daba una razón para vivir".

Los familiares dijeron a los medios de comunicación locales que Calva había denunciado haber recibido amenazas de otros reclusos, que supuestamente intentaban extorsionarle. Calva tenía una celda para él solo, pero al parecer seguía teniendo algún contacto con otros reclusos.

Sin embargo, el departamento penitenciario negó que Calva hubiera sido amenazado o golpeado por otros reclusos. Dijo que no podía haber sido asesinado porque había reforzado la puerta de su celda cerrada con alambre y cordones de zapatos atados desde dentro.

Las autoridades de la Ciudad de México dijeron que estaban investigando cómo consiguió el cinturón y aparentemente pudo suicidarse cuando se suponía que estaba bajo observación permanente.

"Todo indica que fue un suicidio, pero es mejor realizar una buena investigación", dijo a la emisora de radio

Formato 21 Juan García Ochoa, subsecretario de Gobernación de la ciudad, cuya agencia supervisa las prisiones.

Calva declaró a los fiscales, tras su detención el 8 de octubre, que fue prácticamente abandonado por su madre, que su padre murió cuando él tenía 2 años y que, aproximadamente a los 7 años, fue violado por un amigo varón de su hermano.

En entrevistas anteriores a su muerte, Calva había expresado su arrepentimiento por la muerte de su novia Alejandra Galeana, de 32 años.

La mayoría de los vecinos calificaron a Calva de tranquilo y reservado, aunque el gerente de una pizzería cercana dijo al periódico El Universal: "Daba la impresión de ser un hipócrita, alguien muy preocupado por ser aceptado."

El anterior roce de México con el canibalismo fue igualmente espantoso. Las autoridades afirman que Gumaro de Dios Arias destripó y se comió a otro hombre que rechazó sus proposiciones sexuales en 2005 cerca de Cancún. Arias, que cocinó el corazón de su víctima en una parrilla, dijo a los interrogadores que su víctima sabía a barbacoa, un plato de carne mexicano asado a fuego lento.

La historia de Gumaro es la de uno de los hombres que ha atemorizado a la mayor parte del Caribe y de México por sus terribles crímenes que estremecieron a más de uno. Gumaro de Dios o Bagdel, un hombre que no tuvo piedad con ninguna de sus víctimas.

El 14 de diciembre de 2004, la policía municipal fue alertada de un asesinato en una palapa ubicada en la carretera de Chetumal, Playa del Carmen. Un hombre fue encontrado dormido en una hamaca junto a una parrilla y un cadáver descuartizado.

Inmediatamente los agentes policiales detuvieron al hombre que dijo llamarse "Gumaro de Dios". Era un albañil de 26 años que confesó su terrible crimen sin arrepentirse. Dijo a la policía que había matado al hombre por una deuda de 500 pesos.

"Se me ocurrió, dije, lo voy a ahorcar, boca abajo, lo corté colgado vivo", dijo sin remordimientos el caníbal en una entrevista. Gumaro de Dios resultó ser un exconvicto, estuvo preso 2 años por robo. Pero después se supo que también había violado a un niño y asesinado a otro hombre: "Voy a bajar a ese "bato" (hombre) y me lo voy a comer"

A los 10 años fue violado por un primo, practicó la zoofilia mientras consumía drogas y alcohol. Su padre le hizo alistarse en el ejército, pero al cabo de unos años lo descerrajaron. Supuestamente, Gumaro sufría de esquizofrenia y paranoia, enfermedades mentales que desataron su instinto asesino.

El 11 de septiembre de 2012 murió de SIDA en el hospital general de Chetumal a los 34 años de edad

Aunque Ciudad de México no haya visto mucho canibalismo, ha tenido otros asesinos en serie de alto perfil en los últimos años. En 2006, Juana Barraza fue acusada de ser la "asesina de ancianas" y de asesinar al menos a 30 ancianas durante casi una década. Esa misma semana se detuvo a Raúl Osiel Marroquín, acusado de matar a cuatro hombres homosexuales.

. . .

Marroquín confesó haber atraído a hombres homosexuales de los bares para matarlos. Torturó a sus cuatro víctimas ahorcándolas o asfixiándolas, pero en dos casos se dice que liberó a los hombres que había secuestrado una vez que recibió un rescate. Añadió que seguiría haciéndolo si podía, alegando que la homosexualidad dañaba a la sociedad. Era homofóbico.

Marroquín, conocido como "El Sádico", fue capturado el 23 de enero de 2006 y fue declarado culpable del asesinato de cuatro víctimas. Explicándose a sí mismo, Marroquín dijo: "Acabé con cuatro homosexuales que de alguna manera afectaban a la sociedad". También dice que eligió a los gays como víctimas porque "son un mal ejemplo para los niños".

Su modus operandi era el siguiente: Atraía a sus víctimas en los bares gay y, para evitar sospechas, siempre les dejaba hacer el planteamiento inicial. Después las invitaba a su apartamento, donde las estrangulaba y luego pedía un rescate a la familia de la víctima.

Los cadáveres eran posteriormente introducidos en maletas y abandonados en diferentes lugares de Ciudad de México.

. . .

Se dice que Marroquín tenía un compañero, Juan Enrique Madrid Manuel, que presumiblemente era un ayudante en el proceso de secuestro de las víctimas.

El 4 de septiembre de 2008, la PGJDF de México condenó a Osiel Marroquín y a Madrid Manuel a un total de casi 300 años de prisión, aunque lo más probable es que salgan en libertad dentro de cincuenta años, de acuerdo con las leyes mexicanas vigentes.

En una entrevista, Marroquín dijo que no estaba avergonzado de sus crímenes, pero que lamentaba lo que estaba pasando su familia. Declaró que tenía sueños recurrentes de que su carrera criminal "mejoraba" seleccionando víctimas más ricas y famosas. Dijo que definitivamente volvería a matar e intentaría ser más cuidadoso con sus métodos, evitando los errores que llevaron a su captura.

Conclusión

ESTAMOS seguros de que pasar de una página a otra de este libro no ha sido fácil. Ver las tremendas tragedias delictivas que ocasionaron los personajes aquí estudiados ponen en suspenso la efectividad del funcionamiento de la sociedad. Por eso, a manera de conclusión, queremos brindarte información adicional acerca del estudio pasado, actual y futuro de los asesinos seriales. Conocimiento es poder y, sobre todo en estos casos, el conocimiento te puede salvar la vida.

John M. McDonald, un eminente psiquiatra de principios de la década de 1960, esbozó tres rasgos en niños y adolescentes que consideraba predictores del comportamiento violento en la edad adulta: mojar la cama (enuresis) después de los 12 años, provocar incendios y torturar a animales pequeños.

Estos tres predictores se conocen como la tríada de McDonald (o a veces la tríada de la sociopatía o la tríada homicida). McDonald teorizó que una persona joven que presentaba dos de los tres rasgos tenía un mayor riesgo de participar más tarde en un comportamiento depredador, posiblemente incluyendo el asesinato en serie.

Otros teóricos, mirando más allá de la Tríada de McDonald, consideran sus tres predictores como signos de negligencia en general, y específicamente de abuso físico, emocional y sexual. Estos tipos de negligencia y abuso, dicen, son los verdaderos predictores de futuros comportamientos violentos, especialmente cuando los padres de un joven están separados, divorciados, incapacitados por el abuso de sustancias o perjudicados por cualquier combinación de estas circunstancias. Otros factores predisponentes para el niño pueden ser el acoso y el aislamiento social. Todos estos tipos de negligencia, abuso y crueldad pueden ser decisivos para el desarrollo de los preocupantes comportamientos asociados al asesinato en serie.

. . .

El estudio científico de las raíces de los asesinatos en serie ha ido desde entonces mucho más allá de la clasificación de los diversos motivos que impulsan el comportamiento violento de los asesinos.

En 1999, incluso Ronald Holmes, el criminólogo que estableció originalmente los cuatro conjuntos básicos de motivos de los asesinatos en serie, se quejaba de las limitaciones de esas taxonomías y pedía un mayor rigor intelectual.

Con ese fin, él y dos coautores publicaron un artículo en el Journal of Contemporary Criminal Justice que describía lo que denominaron "Síndrome de la Identidad Fracturada", que definieron como la condición producida por un acontecimiento específico o una serie de acontecimientos en la infancia o la adolescencia de una persona que posteriormente se convierte en un asesino; dicho acontecimiento es un trauma definitorio cuyo impacto fractura la personalidad en desarrollo. Holmes y sus colegas utilizaron deliberadamente la palabra "fractura", con sus connotaciones, no de una ruptura obvia y catastrófica, sino de una pequeña pero devastadora grieta, invisible para todos excepto para la persona que ha sufrido el daño.

. . .

Otro enfoque en el espectro criminológico -y muy influyente en términos de política social, intervenciones a nivel comunitario y orientaciones hacia el tratamiento de la salud mental de los delincuentes- es el enfoque de la teoría del proceso social.

Desde el punto de vista de la teoría del proceso social, cualquier persona es susceptible de convertirse en delincuente en circunstancias que fomentan las relaciones destructivas entre el individuo y los procesos e instituciones sociales que lo rodean.

Los teóricos del proceso social proponen que los delincuentes son personas que han aprendido a dedicarse a la actividad delictiva, y que el camino hacia la vida delictiva se abre gradualmente a partir de los problemas familiares en el hogar, los problemas de aprendizaje en la escuela, la presión de los compañeros y los primeros roces, relativamente menores, con la ley. Los vínculos positivos con la sociedad convencional son los que evitan que la mayoría de las personas se conviertan en delincuentes, y la ausencia de vínculos positivos con la sociedad y sus instituciones es lo que promueve la actividad delictiva.

. . .

Algunos investigadores albergan ahora la esperanza de que se descubra que la clave de los asesinatos en serie se esconde en anomalías cromosómicas específicas que aún no han sido identificadas. Hasta ahora, los pocos estudios existentes en esta línea no han sido concluyentes, y se trata de un enfoque todavía muy incipiente.

Los críticos de este enfoque también llaman la atención sobre el hecho de que un niño que sufre abusos, un niño que es incapaz de escapar de una situación que no puede controlar, inevitablemente compensará esta debilidad creando y escapando sistemáticamente a un mundo imaginario. En ese momento, sugieren estos críticos, a medida que la frágil frontera entre la fantasía y la realidad objetiva se debilita aún más y finalmente se pierde para el niño, la rica y tentadora realidad interior de la dominación y el control, una realidad que ha ido tomando una forma cada vez más definida en los recovecos privados y sombríos de la mente, comenzará a generar e intensificar una presión implacable sobre la psique, hasta que estas fantasías compensatorias y empoderadoras finalmente exigen ser actuadas. Y esto, por supuesto, no tiene nada que ver con la genética.

. . .

Para finalizar, solo queda agradecerte que te hayas tomado el tiempo de leer estas historias de terror y espanto humano.

Bibliografía

Aynesworth, H., & Michau, S. (2000). Ted Bundy: Conversations with a Killer.

Nueva York: Authorlink.

Douglas, J. E., & Olshaker, M. (2017). Mindhunter: Inside the Fbi's Elite Serial

Crime Unit. Gallery Books.

Hoces, J. d. (2019). John Wayne Gacy: El Payaso Asesino. Independently

published.

Knight, S. (1986). Jack the Ripper: The Final Solution. Chicago: Chicago Review

Press .

Lorenzo, L. B. (2019). José Luis Calva Zepeda, ¿el Poeta Caníbal? CDMX:

Obrapropia.

Molina, M. A. (2013). El gran fracaso de la fiscalía: 192 Niños asesinados. Captura y confesión de Garavito: "La bestia". México D.F.: Editorial Oveja Negra.

Rosillo, J. (2018). ROMASANTA, LA LEYENDA DEL HOMBRE LOBO: Los crímenes del primer asesino en serie español. Ourense: Fundación Vicente Risco de Allariz.

www.ingramcontent.com/pod-product-compliance
Lightning Source LLC
LaVergne TN
LVHW011708060526
838200LV00051B/2808

9781646945160